UNION

ET MONARCHIE.

UNION

ET

MONARCHIE

PAR

M. JUSTIN DUPUY,

Rédacteur en chef de LA GUIENNE.

Dépositaire du principe fondamental de la Monarchie, je sais que cette Monarchie ne répondrait pas à tous les besoins de la France, si elle n'était en harmonie avec son état social, ses mœurs, ses intérêts, et si la France n'en reconnaissait et n'en acceptait avec confiance la nécessité. Je respecte mon pays autant que je l'aime ; j'honore sa civilisation et sa gloire contemporaine autant que la tradition et le souvenir de son histoire.

(M. LE COMTE DE CHAMBORD, *Lettre à M. Berryer.*)

Tant que notre patrie restera sur cette pente fatale, vous n'aurez pas plus la République que la Monarchie : vous aurez la Révolution.

(M. GUIZOT, *Lettre à M. Dehais,* juillet 1851.)

BORDEAUX,

IMPRIMERIE DE JUSTIN DUPUY ET COMPAGNIE,

Rue de la Devise, 12.

1851

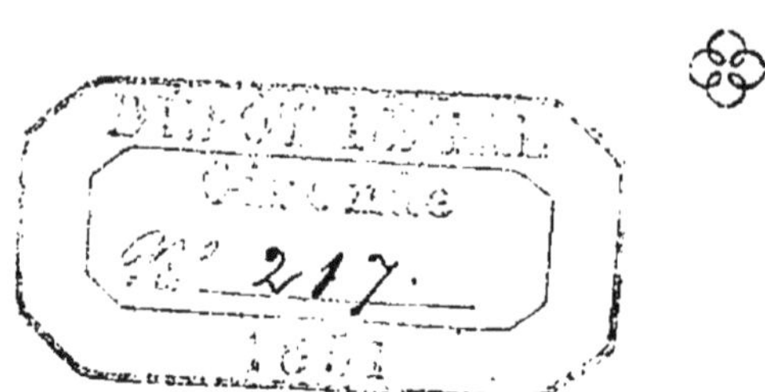

Ces quelques pages sont une réponse aux attaques habituellement dirigées par la presse orléaniste contre le principe d'hérédité que représente l'auguste chef de la dynastie de Henri IV et de Louis XIV.

Prétendre examiner et réfuter en si peu d'espace tout ce que les adversaires de la royauté légitime mettent en avant pour en empêcher le retour, ce serait courir des chances bien périlleuses pour un si grave labeur. Nous avons cru qu'il nous suffirait, pour le but auquel nous tendons, de limiter ici la polémique que nous soutenons chaque jour, et depuis tant d'années, pour la défense de nos convictions politiques, aux principaux arguments par lesquels nous croyons avoir fait justice, et des accusations dirigées contre le grand parti de l'autorité traditionnelle, et des préjugés que des oppositions systématiques alimentent dans les masses contre la cause nationale qui a notre dévoûment et notre foi.

Nous ferions un très-gros livre, si nous reproduisions ici tout ce qui est sorti de notre modeste plume en faveur du droit Monarchique violé par la Révolution, et par lequel seul la Révolution peut être vaincue. Mais nous tenons à ne pas effrayer le lecteur, et à ne pas trop prolonger l'épreuve à laquelle nous allons soumettre son attention; et d'ailleurs, ce qui importe, ce n'est pas que nous répondions à toutes les objections révolutionnaires, c'est qu'aucune de celles que nous allons discuter ne reste victorieuse de nos efforts.

A cet égard, bien vives seraient nos craintes, si nous n'avions pour nous la confiance qu'inspire la vérité à tout esprit qui l'aime avec passion et défend avec énergie.

C'est par là seulement que se recommande cette brochure; il n'y faut pas chercher ce que l'écrivain n'a pu ni voulu y mettre. Les intelligences qui ont le droit d'être difficiles, voudront bien se rappeler qu'elles ont sous les yeux la simple juxtàposition d'articles écrits à la hâte, et sans aucune prétention au succès littéraire.

La seule ambition qui nous anime en ce moment, et que nous sommes fier d'avouer, c'est d'aider à détruire dans les esprits travaillés par les ennemis de la Monarchie légitime, les préventions qu'on y entretient contre la seule solution qui puisse sauver la France.

Dire en peu de mots ce qu'est cette Monarchie, ce qu'elle a fait pour la nation, ce qu'elle pourrait faire encore; montrer que les obstacles qu'on dit s'opposer à son retour ne sont qu'imaginaires, et qu'il dépend de tous les bons citoyens de les faire disparaître; établir par la situation même du pays que toute autre Royauté que celle des siècles et de la tradition n'est que la Révolution même, et que, par conséquent, l'Orléanisme ne peut rien par lui-même pour reconstituer une Monarchie forte et durable, voilà la fin que nous nous sommes proposé dans ces considérations rapides, mais consciencieuses.

A qui nous parlons.

Ce n'est point à la République que nous nous adressons; entre elle et nous, la question du principe fondamental de l'autorité est parfaitement nette. Quand la République attaque la Légitimité, elle est conséquente avec ses idées et avec son but; elle défend logiquement son existence et sa base. Ce que nous avons à lui dire se bornera donc nécessairement à peu de mots : nous avons hâte d'arriver aux doctrines et aux hommes qui seuls font obstacle à l'union de la majorité.

Quant à la République, la question est celle-ci :

La Nation, maîtresse de ses destinées, devra-t-elle

en 1852 les confier de nouveau au principe qui a prévalu en Février? La *République modérée* aura-t-elle assez de force pour résister à la République féroce qui glorifie le bourreau, qui célèbre l'assassinat, qui dresse des autels à Robespierre, qui flaire déjà ses victimes et compte sur l'aide de la mort? Si, en effet, la Monarchie n'est plus possible, si elle est morte pour jamais, la République seule a pour elle l'avenir; et, quoi qu'on fasse, elle l'enveloppera de sa puissance et de sa vie.

Mais nous remarquons un fait dans l'histoire : c'est que, lorsqu'un ordre nouveau surgit chez un peuple, à l'instant même il revêt un caractère de force et de grandeur qui, loin de s'affaiblir après quelques jours d'existence, s'élève et s'étend à travers les luttes, les périls et les obstacles.

Quand une transformation est nécessaire aux gouvernements, c'est qu'elle est à la fois progressive et conservatrice; c'est qu'en détruisant les abus qui doivent périr, elle consolide les intérêts qui doivent vivre; c'est qu'elle innove sans préjudice réel pour la cause publique et pour le bien de chacun; c'est qu'en un mot, elle restaure et ne bouleverse pas.

La République modérée à laquelle on nous convie de nous rallier est-elle dans ces conditions, et nous promet-elle d'y rester toujours à partir de 1852?

Quel esprit impartial oserait répondre par l'affirmative? Et d'ailleurs, les évènements ne sont-ils pas là, qui parlent plus haut qu'aucune opinion? Qu'a donc fondé la République de Février, et par quelles grandes institutions a-t-elle ouvert l'ère nouvelle qu'elle dit annoncer? Nous voyons bien les ruines et les victimes qu'elle a faites; mais qui s'est ressenti de la prospérité qu'elle nous a donnée? Nous ne lui demandions pas tant : nous nous serions contentés de ce qui ne manque jamais aux malheureux, l'espérance; mais c'est précisément ce qui, dès les premiers jours, nous a fait défaut : les nuages sombres qui, depuis plus de trois ans, voilent l'avenir, ont maintenu les alarmes dans les esprits, et semblent s'épaissir encore.

Où est la sécurité, et sans la sécurité, que deviennent les intérêts d'un pays? Il ne s'agit pas seulement d'être aujourd'hui, il s'agit d'être demain; et pour la France comme pour Hamlet, la question est là.

Si la République veut que nous croyons en elle, qu'elle montre sa vie et sa force; qu'au lieu d'alarmer, elle rassure; qu'au lieu de nous appauvrir, elle nous enrichisse; qu'au lieu de détruire, elle édifie; enfin, qu'elle marche, comme le philosophe, qui prouvait ainsi le mouvement.

La proposition qu'on nous fait de nous rallier à la République modérée est-elle acceptable? Si la majorité de la France décide qu'il faut rester en République, ce régime est incontestablement le seul logique contre celui de l'autorité héréditaire que nous proposons. Toute la question est renfermée dans ces termes : Ou République ou Monarchie.

Mais, pour que nous continuions à soutenir la République, il y a une condition essentielle : c'est que la République nous permette elle-même de la soutenir en nous donnant la sécurité pour le présent et pour l'avenir. Si la République ne nous donnait pas cela en 1852, est-ce qu'il dépendrait des Légitimistes, ou des Orléanistes, ou des Napoléoniens, ou même des Républicains, de la faire possible?

En supposant qu'elle eût pour elle tous les partis, ceux-ci feraient-ils perdre au régime actuel les inconvénients qui résultent de sa nature propre et de son action sur notre Société? Nous dire de grouper nos cœurs et nos esprits pour soutenir un système auquel nos cœurs et nos esprits ne croiraient pas, et qui menacerait ruine, ce serait dire aux locataires d'une maison qui s'écroule de réunir leurs bras et leurs épaules pour tenir cette maison debout.

Nous avons en face de nous une révolution terrible, dont la Montagne a le soin de nous révéler fort naïvement les projets, tantôt par M. Louis Blanc, tantôt par M. Ledru-Rollin, tantôt par M. Blanqui, tantôt par M. Dufraisse. Croit-on qu'il soit possible de s'unir contre elle, en nous disant réciproquement : Taisons-nous, ne parlons pas de nos convictions, de nos principes, prenons un fusil et tenons-nous en garde.

Les partis honnêtes s'entendent à d'autres conditions, quand la Société est menacée; ils s'expliquent avec franchise, avec loyauté; ils se font mutuellement des concessions qu'indique le salut public, et ils choisissent le seul terrain où il soit possible d'être uni de cœur et de pensée contre l'ennemi commun.

Mais, pour cela, il ne faut pas que les organes des partis qui ont besoin de s'entendre, raniment les haines, alimentent les préjugés, perpétuent les malentendus qui les divisent.

Ainsi, quand on montre le salut du pays dans le retour au principe traditionnel de l'autorité, qu'opposent certains hommes? Rien de sérieux, rien qui ne tombe devant la discussion. Ils ont des antipathies dans lesquelles ils se complaisent, des ambitions qu'ils caressent, des préventions qu'ils ne veulent point abandonner; et cependant, ils sentent qu'ils ne peuvent rien sans le secours de leurs adversaires, et c'est pour cela qu'ils les invitent à un rapprochement extérieur, à une juxtà-positiòn de personnes, qui laisse chacun à ses répulsions, à ses entêtements, et qui, par conséquent, empêche l'union véritable et telle qu'il la faut à la France.

Voilà l'impossibilité la plus réelle que puissent rencontrer les combinaisons des partis honnêtes. Rien n'est plus impossible que de lutter contre la démagogie, si l'on ne se place pas sur le même terrain des principes de l'autorité.

Les impossibilités, nous sommes d'avis, nous, qu'elles sont partout où l'on veut rester divisés, où l'on ne travaille pas à l'accord des bons citoyens, où l'on s'imagine que, comme parti, on doit triompher seul et écraser ses adversaires.

C'est donc la division que nous venons combattre, et c'est l'union que nous venons soutenir; mais l'union logique, l'union par les principes, sans lesquels les deux partis monarchiques restent sans force contre la Révolution.

Qui dit Monarchie, dit les conditions qui la constituent et la légitiment vis-à-vis de la raison, vis-à-vis du pays, vis-à-vis de l'autorité qu'elle exerce.

Disons donc quelle est la Monarchie que nous voulons, et pourquoi nous y sommes si fermement attachés.

Disons quel est le salut de la France.

Ce que nous voulons.

Il est bon d'éclairer l'esprit public par la discussion. Entre honnêtes gens qui veulent le bien du pays, et qui le veulent sans secousses, sans agitation, par l'accord des nobles sentiments qui les rapprochent de ce but commun, la désunion ne saurait longtemps durer. Elle cèdera devant la raison souveraine des principes nettement définis, et devant les périls qui en feront ressortir la nécessité.

Nous avons donc un intérêt puissant à exposer nos idées, à faire connaître nos intentions, à dire tout ce qu'il y a dans notre cœur et dans notre raison relativement à la grande cause qui peut seule écarter de la France les malheurs qui la menacent.

Les adversaires auxquels s'adresse cet écrit ne nous refusent pas la conviction et la loyauté; mais ils parlent beaucoup de nos illusions, et prétendent que nos vues et nos espérances vont à l'encontre des instincts du pays, des difficultés de la situation et des besoins du temps. On fait de nous des rêveurs chevaleresques, et l'on prétend établir un antagonisme radical entre les principes qui constituent notre politique et les faits qui semblent la combattre. Non-seulement nous n'acceptons pas cette opposition des faits à nos principes, mais nous croyons établir dans ces pages que, depuis soixante ans, les faits plaident éloquemment la cause à laquelle nous sommes attachés.

Le fait a eu ses prospérités et même ses gloires; il a eu à son service l'épée la plus victorieuse et la plus terrible qui ait frappé les nations; il a eu la force brutale de la démagogie, la puissance d'un conquérant, la prédominance de la bourgeoisie, et l'habileté d'un prince servi par la fortune. Où donc, avec tous ces éléments, nous a conduits le fait? Jetez les yeux autour de vous, et voyez en quel état il a mis la France, en quel état il vous a mis vous-même, qui le glorifiez et qui prétendez le servir encore.

Osez dire ce qui se passe en vous, champions de tous les gouvernements, courtisans de tous les régimes, adorateurs de la fortune; vous avez peur, précisément parce que vous sentez que le fait, qui est votre idole, tremble sur la base d'argile que vous lui avez donnée; vous avez peur, parce que vous sentez que l'autorité n'est pas une chose que le premier venu puisse établir, et que son origine domine les pavés de la rue, si haut que la révolte les élève contre les gouvernements légitimes; vous avez peur, parce que vous sentez qu'il n'y a de solide gouvernement dans une Société que celui qui repose sur les traditions, les mœurs et les principes de cette Société; vous avez peur, enfin, parce que vous savez que le fait a jusqu'ici tout détruit et n'a rien pu construire, parce que vous savez que rien ne garantit sa durée, et qu'il est dans sa nature de périr.

Après cela, que vous sert de cacher vos alarmes? Le pays les voit, les factieux s'en réjouissent, et les hommes de cœur en ont pitié.

Quant aux illusions, quel homme n'en a pas, et quel parti a pu leur échapper? Mais on va juger quelles sont les nôtres, en sachant ce que nous voulons.

Et d'abord, nous ne croyons pas du tout qu'il soit possible aux légitimistes d'aller prendre par la main M. le comte de Chambord et de le conduire aux Tuileries, pour y fermer immédiatement l'ère des révolutions. Non, ni nous, ni nos amis, n'avons cette candeur-là et cette ignorance de l'état réel du pays. M. le comte de Chambord n'est pas non plus dans ces rêves; il connaît tout aussi bien que nous la France, et la façon si respectueuse et si sensée dont il en a parlé toutes les fois qu'il a écrit, soit à M. Berryer, soit à d'autres hommes politiques, le prouve de reste.

Ce que veulent les Légitimistes, ce que nous voulons, c'est que l'union de tous les gens de bien se fasse sur le seul terrain où il soit possible de constituer un gouvernement fort et libéral à la fois; c'est qu'on puisse opposer aux anarchiques espérances de la Montagne et du Socialisme, l'accord de tous les hommes qui veulent la reconstitution d'une autorité dont la raison d'être, et par conséquent la vitalité, soient dans la transmission incontestée du pouvoir suprême.

Nous croyons que, pour arriver à ce but, il suffit de le vouloir, et qu'il appartient à tout bon citoyen de travailler à ce rapprochement, en montrant les malentendus et les préventions réciproques qui ont divisé et divisent encore tant d'esprits faits pour s'entendre.

Nous demandons l'union dans les principes qui condamnent la révolution à laquelle nous devons tous les malheurs du pays. M. le comte de Chambord a dit un mot, dans une de ses lettres à M. Berryer, qu'il est bon de rappeler, afin qu'on sache bien ce que ce prince représente :

« Le principe dont je suis la personnification ap- » partient à la France, » a dit ce prince si national et si sage.

Il nous semble qu'il n'y a pas d'idée plus juste et en même temps plus conciliatrice que celle-là. Notre cause, en effet, n'est pas celle d'une famille ; elle est encore moins celle d'un parti : elle est celle de tous, sans distinction d'aucune opinion. Si, comme nous le croyons, elle est faite pour relever le pays et le replacer dans ses anciennes conditions d'ordre, de calme, de grandeur et de prospérité, c'est qu'elle repose sur tous les intérêts ; c'est qu'elle reconnaît et sauvegarde tous les droits ; c'est que, donnant à l'autorité la base dont elle a besoin pour être forte et respectée, elle assure à chacun sa part de liberté et n'admet aucun privilége à l'encontre de l'égalité civile que les lois et nos mœurs ont fondée d'une manière impérissable.

Voilà ce qu'entend M. le comte de Chambord par l'application du principe qui se personnifie en lui ; voilà ce que nous entendons tous, nous qui demandons le retour aux principes d'autorité qui firent autrefois la fortune de la France.

On comprend donc qu'en nous plaçant à ce point de vue si général, et on nous permettra d'ajouter si français, il nous est impossible de ne pas être avant tout des hommes d'union, de ne pas travailler à rétablir parmi les bons citoyens une harmonie qui importe si fort à l'avenir, et sans laquelle, nous le répétons, nous n'échapperons pas aux périls dont nous sommes entourés : car, il ne faut pas se faire illusion, les factions sont loin d'avoir désarmé. Elles s'agitent moins, il est vrai; mais la tranquillité extérieure qui leur est imposée par l'attitude du parti de l'ordre n'est que momentanée et provisoire. Elles n'ont perdu aucune de leurs espérances, et elles comptent sur un avenir peu éloigné pour les voir se réaliser. Ce qui entretient la démagogie dans ces sentiments, ce sont les dissidences qui règnent encore dans les fractions du parti de l'ordre; ce sont les fâcheuses querelles qui, de temps à autre, éclatent entre des hommes qui devraient n'avoir qu'un même symbole et qu'un même but politique.

Quiconque veut sérieusement réfléchir à cette situation, quels que soient d'ailleurs ses préjugés ou ses préventions à l'égard de ses anciens adversaires, reconnaîtra qu'elle serait tout autre, si l'union que nous avons tant de fois appelée de nos vœux s'était réalisée ; si, oubliant leurs luttes d'autrefois, les partis avaient abdiqué leurs vieux ressentiments pour s'unir sur le terrain ferme des véritables principes conservateurs.

Ce qui se passe aujourd'hui même dans les régions du pouvoir doit faire comprendre à tout esprit sensé que la solution était là, et que la chercher ailleurs n'est qu'un rêve malheureux dont la durée ne pourrait qu'accroître les souffrances du pays, et nous précipiter en fin de compte dans l'abîme ouvert sous nos pas par les mains anarchiques de la Révolution.

L'opposition de quelques esprits entêtés et aveugles ne saurait prévaloir plus longtemps ; il faut les laisser dans leurs systématiques erreurs, et passer outre. Le temps presse, et les jours nous entraînent vers un avenir redoutable.

Nos Adversaires.

Quels sont les adversaires que nous avons en face de nous? A quels préjugés, à quelles antipathies s'adressent nos paroles? C'est ce qu'il importe d'abord d'examiner.

Il y a dans l'ancien parti Orléaniste grand nombre d'hommes d'intelligence et de patriotisme qui ont su comprendre les leçons des évènements, et qui, depuis Février, se sont loyalement ralliés aux seuls principes d'autorité qui, en dehors de la République, puissent rétablir la France dans ses anciennes conditions de gloire et de prospérité. Ceux-là n'étaient attachés au gouvernement de Juillet par aucun principe révolutionnaire. Ils l'avaient accepté, non parce qu'il venait d'une révolution, mais parce qu'ils le croyaient capable d'arrêter les conséquences de son origine. Ils se trompaient, mais ils étaient de bonne foi. Et qui oserait les accuser, quand les motifs de leur erreur étaient si honorables et si désintéressés?

La Révolution était en réalité souveraine depuis Juillet : elle dominait la Royauté qu'elle avait faite et les hommes qu'elle avait élevés au pouvoir; elle était dans le Parlement, parlant et agissant tantôt par l'extrême gauche, tantôt par le tiers-parti, tantôt par les Conservateurs eux-mêmes, comme on le vit lors de la coalition. La Révolution s'appelait Garnier-Pagès, Odilon-Barrot, Thiers, Duvergier de Hauranne, etc. Elle fit tant et si bien, qu'elle amena la protestation des députés en faveur des banquets et l'acte d'accusation contre le ministère Guizot-Duchâtel; et puis, pour résultat final, l'explosion de Février.

Dans les masses, la Révolution allait son train; la colonne de Juillet était là qui glorifiait les hommes d'insurrection et de barricades. Les clubs répétaient que, puisqu'on avait réussi en 1830, on réussirait encore, et que si les faubourgs avaient pu disposer des destinées de la France, pareil succès pouvait bien leur échoir dans l'avenir. Les conspirateurs s'encourageaient en songeant au passé, en reportant leurs souvenirs aux *glorieuses* journées.

Voilà ce qu'était la Révolution sous le régime de Juillet; voilà ce qu'elle faisait.

Les Conservateurs dont nous venons de parler croyaient, eux, que la capacité et l'expérience du chef de l'Etat pouvaient venir à bout de tous ces éléments de ruine, et arracher le pays aux fatales conséquences de cette situation.

Encore une fois ils se trompaient, et Février ne l'a que trop démontré. Mais, du moins, ne se sont-ils pas obstinés à fermer les yeux aux leçons des évènements, et on les a vus reconnaître et proclamer franchement la nécessité d'un retour sincère à la seule autorité qu'on puisse logiquement opposer aux doctrines subversives de la Révolution.

A côté de ces Orléanistes, il y en a d'autres qui, tout en reconnaissant le mal fait au pays par la Révolution de 1830, ne sont disposés à la renier qu'à certains jours, à certains moments, quand les périls se manifestent, quand ils sentent le besoin de l'union avec nous, quand ils voient que, réduits à leur propre parti, ils ne peuvent rien contre l'ennemi commun.

Ces hommes-là font, sans s'en douter, merveilleusement les affaires de la Démocratie. Leur manque de principes et d'énergie les met à la merci de ceux qui spéculent sur la faiblesse des bons citoyens pour la réalisation de leurs projets. Ils appartiennent forcément à tout parti, quel qu'il soit, qui saura et pourra triompher ; et, par cela même, ils encouragent les ambitions les plus funestes à la France. Ils affaiblissent le parti de l'ordre, en diminuant ses recrues, et retardent l'union qui ferait sa force.

Que dire de tels hommes, si ce n'est qu'à notre avis ils nous paraissent aussi funestes au pays que les démagogues, dont ils s'effraient avec raison, et qu'ils aident pourtant dans leur œuvre. Persisteront-ils à garder cette déplorable attitude? Cela les regarde. Il y va de l'avenir de la Société tout entière ; il y va par conséquent de leurs intérêts les plus chers.

Ils croient, eux, servir ce qu'ils appellent la Royauté. Nous ne connaissons pas d'illusion politique pareille à celle-là. Le Libéralisme démolisseur de 1830 ne relèvera jamais l'édifice monarchique que l'ouragan de Février a emporté sur le sol lointain de l'exil. Le Libéralisme de 1830, c'est la Révolution ; c'est par là seulement qu'il vit encore et peut beaucoup pour le malheur de la France. Mais le Libéralisme monarchien, le Libéralisme régentiste, rien ne lui rendra sa couronne et son autorité. On peut, sans prétendre au rôle de prophète, prédire à coup sûr le moment où il n'aura plus aucun soldat pour suivre ses quelques officiers, dont le nombre diminue chaque jour.

Les symptômes de sa dissolution se manifestent partout. Les Orléanistes les plus capables et les plus honorés ont depuis long-temps rompu avec lui. C'est un fait de notoriété publique que le ralliement des hommes éminents du régime de Juillet aux vrais principes d'autorité. Nos adversaires, si intéressés à contester ce fait, le proclament au contraire par les attaques personnelles qu'ils se permettent chaque jour contre MM. Molé, Guizot, de Salvandy, Duchâtel, Dumon, de Montalivet, de Montebello, Vitet.

Nous concevons leurs fureurs. En perdant ces hommes, que reste-t-il à leur parti? Des démolisseurs. Il leur reste des hommes qui ont attaqué avec acharnement le gouvernement de Juillet, et qui, après avoir mis le ministère en accusation, ont soulevé les masses insurrectionnelles par les banquets. Il leur reste les débris de la vieille opposition, qui a travaillé pendant huit ans à faire produire à la Révolution de 1830 toutes ses conséquences.

Est-ce avec de tels caractères, avec de tels principes, que l'Orléanisme régentiste prétend relever la royauté en France, et lui concilier les sympathies et la foi de tous les bons citoyens? Que les esprits sensés et loyaux considèrent les hommes qui sont pour ou contre la royauté des barricades, et qu'ils prononcent.

Si, pendant les lamentables dix-huit années qu'on lui avait faites, le trône de Juillet a eu quelques moments d'éclat, à qui donc l'a-t-il dû? Est-ce à ce Libéralisme bâtard et dissolvant d'où est sorti la démagogie? De 1830 à 1848, qui a contribué plus que lui à discréditer la Monarchie qu'il avait contribué à fonder, à soulever contre elle les passions populaires? Un jour de 1847, comme il ne voyait pas arriver assez vite le flot anarchique qui débordait ailleurs, il s'écriait, en regardant la Suisse envahie par les Corps Francs : « Je suis révolutionnaire. » Quelques mois après, Février prenait le Libéralisme au mot, et lui montrait ce que c'est qu'une révolution!

Il fallait des ruines à son ambition; mais il les voulait à son goût et selon ses vues. Il oubliait que la Révolution est aveugle, même à l'égard des révolutionnaires, et qu'elle dévore ses propres enfants, selon la parole d'une de ses victimes.

Le Libéralisme voulait une Régence en Février :

s'il eût réussi à l'obtenir, nul doute qu'il n'eût aussi qualifié cette journée de glorieuse, comme celles de Juillet.

Toute la tactique de ce triste parti tend à ressaisir aujourd'hui ce qu'il a perdu il y a trois ans. Que lui importe la maison d'Orléans pour elle-même, pour son nom, pour son avenir? De tout cela il a médiocrement souci. Mais il lui importe beaucoup de tenter le rétablissement d'une royauté qui le ferait souverain maître de la France. Être Maire du Palais sous le règne d'un enfant, avec une Régente qui lui devrait sa fortune, quel beau rêve pour quelques hommes de mesquines intrigues et d'égoïstes ambitions!

Ce qu'ils veulent relever.

Est-ce bien une Royauté que les Régentistes veulent relever? C'est ce qu'il importe d'examiner.

Une Dynastie élevée à la suite d'une insurrection, et contrairement au vœu de la France non consultée, tombe sous le coup du principe même qui était sa raison d'être. Le peuple souverain avait détruit en Juillet; le peuple souverain détruit en Février. Il se sert dans les deux cas des mêmes armes : des barricades et des pavés. Quelques heures lui suffisent pour son œuvre; il n'a qu'à paraître devant les Tuileries pour que la royauté qu'elles abritent se retire. Louis-Philippe a autour de lui une armée; il peut monter à cheval et se défendre. Est-ce le courage qui lui manque? Non, assurément; en d'autres temps, il a prouvé qu'il en avait, et jamais Bourbon n'a pu être accusé de lâcheté.

Ce qui lui manque, c'est la foi dans le droit monarchique dont les sophistes de la quasi-légitimité ont voulu l'investir, et dont sa raison n'a jamais été dupe; ce qui lui manque encore, c'est la fidélité et le dévouement d'un parti qui ne représente rien qu'une insurrection victorieuse comme celle qui s'avance.

Que peut-il faire dans cette situation? Ce qu'il a fait : s'incliner devant cette logique terrible des révolutions à laquelle on n'échappe jamais quand on l'a une fois embrassée et qu'on lui a livré ses destinées.

En quelques instants donc, Juillet a eu sa conséquence fatale. La royauté apportée par un orage est par un orage emportée, comme un poète l'a dit de ce glorieux souverain d'occasion qui dort sous le dôme des Invalides. Le peuple, qui se souvient de sa victoire des trois jours, règne cette fois-ci en maître; il brise tout ce qu'il avait brisé dix-huit ans auparavant, et il proclame sa souveraineté.

Les partisans quand même de Juillet disent : « Ce fut une surprise. » Sans aucun doute. Est-ce que Juillet fut autre chose qu'une surprise? Qui donc comptait que, sous prétexte de défendre la Charte, on renverserait trois générations de rois, on ferait peser sur l'innocence d'un enfant la responsabilité d'une politique qui n'était pas même imputable, d'après les lois, au roi son aïeul? Qui donc surtout avait donné mission à la minorité constitutionnelle de proclamer la déchéance de la Monarchie nationale et séculaire des Bourbons? Qui voulait sa chute? Qui la demandait, hors une faction dont les débris s'agitent encore aujourd'hui?

Il y eut donc surprise en 1830 comme en 1848. Mais ce qu'on ne peut appeler une surprise, c'est l'explosion triomphante et générale de tous les principes révolutionnaires par lesquels Février a montré tout le mal fait aux esprits par la Révolution de Juillet.

Après 1830, les éléments monarchiques étaient si forts, que, pour imposer la dynastie nouvelle, il fallait la présenter comme une légitimité nouvelle. Le *parce que* Bourbon l'emporta sur le *quoique* Bourbon, et c'est à la faveur de cette idée qu'on obtint l'adhésion de tant d'hommes loyaux, qui, depuis Février, sont avec nous.

Mais la quasi-Légitimité, en fondant une Monarchie de quelques jours, n'a pu tuer le principe même de la Révolution, qu'elle avait escamoté. Ce principe a continué à se développer, même par ceux qui prétendaient le combattre, et dont les efforts étaient paralysés par les idées subversives qu'ils avaient jusque-là professées et répandues dans les masses.

Aussi, quel abîme s'est ouvert à nos yeux depuis Février! Tous l'ont vu, tous le voient encore, tous, excepté ce triste parti qui prétend reprendre son œuvre de 1830, qui s'imagine imposer silence aux passions qu'il a déchaînées, avec une royauté qui n'a pour elle, ni le droit de l'insurrection, auquel elle doit sa naissance et sa mort, ni le droit de l'hérédité, dont elle est la négation.

Y eut-il jamais aveuglement pareil à celui-là dans l'histoire des partis! Il ne peut rien, il est vrai, pour le but auquel il tend; il ne fera jamais reculer la nation vers 1830; mais il peut beaucoup pour la confusion des esprits, pour la discorde des partis, pour le succès des ennemis de la Société.

Tout le péril est là; il est assez grave pour que tout bon citoyen s'en préoccupe et le signale dans l'intérêt d'une union sans laquelle nous ne voyons dans l'avenir que du sang et des ruines.

Qui la relèvera ?

Y a-t-il un homme de sens qui croie possible la resauration de la royauté de 1830 ?

Quand nous avons posé cette question aux Orléanistes exclusifs dont le nombre va chaque jour diminuant, ils n'ont rien pu nous répondre, parce qu'aucune réponse à cet égard n'était possible.

Nous leur avons demandé à plusieurs reprises sur quelles chances ils comptent pour ramener de l'exil un enfant, qui, en dehors des traditions de l'autorité, en dehors des principes de l'hérédité, n'a ni titres ni droits, et ne peut remonter sur le trône révolutionnaire brisé par une révolution, que par la violence, c'est-à-dire par ce qu'il y a de plus humiliant pour un peuple libre et éclairé.

Les partisans de cette étrange Monarchie comptent, disent-ils, sur la nation, comme en 1830. Le mot est beau ; mais, pour savoir ce qu'il signifie, il importe de revenir un peu sur le passé.

Quand Louis-Philippe dut prendre possession de sa royauté, il fallut le faire sacrer en place publique par les mains de cette multitude que M. Thiers a qualifiée de *vile,* depuis qu'elle a repris ce qu'elle avait donné. On lui dit, pour qu'elle consentît à mettre bas les armes : Voilà la meilleure des Républiques, c'est-à-dire, voilà votre roi, à vous, seigneurs et maîtres de la France, qui venez à coups de fusil de disposer de ses destinées. Et cette multitude que le Libéralisme courtisait alors, qu'il avait poussée dans la rue, comme il l'a fait dix-huit ans après par son opposition personnelle à Louis-Philippe et à M. Guizot, cette multitude se crut en République avec un chef qui, au lieu de s'appeler Président, s'appelait Roi.

La France, que faisait-elle en ce moment? Malgré les exaltations et les joies du Libéralisme, la France était dans l'anxiété la plus vive sur le résultat définitif de la chute de la Monarchie. Cette préoccupation n'était pas moindre à Bordeaux que partout ailleurs.

Tel qui oppose aujourd'hui à la logique du droit, à la leçon des évènements, ce mot pompeux : « La nation a élu Louis-Philippe, » fut bien étonné d'apprendre que M. de Lafayette s'était enfin décidé à donner pour personnification à ses rêves républicains une royauté nouvelle.

Que de gens étaient dans le même cas ! Il faudrait au moins les respecter quand on parle de la nation qui élut Louis-Philippe, car, après tout, ils formaient la majorité de cette nation, et certainement ils n'étaient pas de ceux qui acclamèrent la couronne de 1830, quand elle parut au balcon de l'Hôtel-de-Ville.

Fonfrède, qui a brillé d'un si vif éclat dans la presse libérale, et qui en a été l'un des plus habiles écrivains; Fonfrède, qui, malgré sa fougue d'imagination, avait un sens droit et pénétrant, comprit tout d'abord la portée de cette élection populaire. Aussi, que fit-il? Il tenta de ressouder le plus possible la chaîne brisée de la tradition. Il voulut abriter son royal protégé sous la Charte de 1814, et faire bénéficier la Révolution des libertés sages et fortes qu'on devait à la Monarchie légitime. De plus, il s'était prononcé très-énergiquement pour le *parce que* Bourbon, et, à la différence de M. Ferdinand Barrot, qui déclarait au nom de son parti avoir préféré Louis-Philippe parce qu'il était fils de régicide, il disait, lui, que la royauté nouvelle puisait sa raison d'être dans l'étroite parenté de ce prince avec la branche aînée.

Le sophisme était très-adroit; il était hardi, et donnait lieu à de très-beaux développements sous cette plume féconde, véhémente et lumineuse. Fonfrède bâtissait avec ses articles dynastiques une autre cathédrale de Rheims sur la place de l'Hôtel-de-Ville, et là, invoquant le dieu des circonstances, il faisait descendre du ciel une colombe ceinte d'un ruban tricolore, et portant une sainte ampoule pour oindre ce nouvel Hugues-Capet de la tige d'Orléans, surgi comme par miracle du milieu de la révolte victorieuse.

Fonfrède parlait peu de la nation; il laissait ce mot aux myopes de son parti qui ne voyaient pas l'avenir, et qui ne comprenaient pas la portée profonde et terrible de la souveraineté des masses élisant un Roi. Dans son ingénieuse habileté, Fonfrède soutenait une thèse sophistique, mais brillante, à laquelle il s'efforçait de croire, quand la fièvre de la polémique allumant son cerveau, en faisait jaillir la flamme dont rayonnait son style.

Combien cette illusion du publiciste girondin a-t-elle duré? Est-il mort avec la conviction que Louis-

Philippe était un autre Hugues-Capet? On peut hardiment répondre par la négative.

Après la coalition de 1839, Fonfrède comprit que c'en était fait de sa Monarchie, et c'est alors qu'il sentit l'impuissance de ses efforts pour donner à la dynastie de Juillet une origine mystérieuse et l'investir d'une sorte de droit divin.

Qu'eût-il dit après 1848, s'il avait vu le roi des barricades tomber par les barricades, et l'insurrection exercer de nouveau son droit contre ceux mêmes qui le lui avaient reconnu? Voudrait-il aujourd'hui proclamer que la nation avait élu Louis-Philippe, quand il a prétendu tant de fois que Dieu seul l'avait providentiellement choisi pour sauver la France et la Royauté?

Ce qui est certain, c'est qu'il n'a rien sauvé; c'est que la France est aujourd'hui dans une position pire que celle où elle s'était trouvée à la chute de la Monarchie légitime; c'est que l'abîme sur lequel on avait élevé le trône de Juillet, loin de se combler, n'a fait que s'agrandir; c'est que la Révolution, non seulement n'a pas été comprimée, mais s'est étendue et fortifiée; c'est qu'enfin les dix-huit années d'ordre apparent, n'ont été que le développement de toutes les idées anarchiques dont l'explosion a ébranlé l'Europe entière.

Si la France s'était donné une telle royauté, elle serait bien coupable, et aurait-elle le droit de se plaindre? Mais la France ne l'a voulue ni choisie : elle l'a acceptée, disent certains esprits. Le mot n'est pas exact; l'acceptation est une adhésion libre qui implique la possibilité du refus. La France était-elle en mesure de refuser la royauté que venait d'improviser la peur inclinée devant la révolte? Pas plus qu'elle ne l'était de repousser en 1848 la République expédiée par le télégraphe. Donc, la Nation n'avait fait ni accepté, dans le sens vrai du mot, cette royauté malheureuse que l'exil a vue descendre dans la tombe, et dont on ose comparer le cadavre à la colossale et séculaire Monarchie des Capétiens. La France l'a subie avec plus d'aise, si vous voulez, que la Révolution de 1848, mais non pas tout d'abord sans de véritables alarmes pour l'avenir.

Du reste, il faut être juste, Louis-Phillipe ne l'a pas moins subie que le pays; elle a pesé sur sa tête de tout le poids des passions anarchiques auxquelles il la devait; elle l'a exposé aux coups des assassins, et l'a condamné à vivre en reclus dans son palais, jusqu'au moment où il a dû le quitter pour l'exil.

Est-ce de cette *nation* qui a fait 1830 et 1848 qu'on attend la restauration du trône de Juillet? Croit-on que les barricadeurs de ces deux dates révolutionnaires vont se transformer en chevaliers de la Monarchie dite libérale, et relever l'oriflamme tricolore avec l'héroïsme de Jeanne d'Arc?

La Nation, c'est nous, disent quelques hommes, qui, pleins de haine et d'illusions, s'imaginent être pleins de dévoûment. Mais, pour une pareille œuvre, il ne suffit pas de la vouloir contre ses adversaires, il faut l'aimer pour elle-même et y croire. Or, où donc est la foi de ces singuliers monarchistes?

Obligés d'exposer leurs doctrines, ils ne savent comment les définir, et toutes les subtilités qu'ils emploient pour y arriver n'aboutissent qu'à faire douter de leur existence. C'est qu'en effet, ce parti, qui n'a de force que par la négation, ne possède en lui aucun des principes constitutifs de l'autorité. Il procède de la Révolution, source de son prétendu droit, lequel est en opposition avec le droit véritable, celui qui fait l'essence même de la Royauté.

Dès que vous demandez à ce parti de montrer à la Démocratie la base sur laquelle il veut reconstituer le pouvoir qui a ses affections, il ne peut logiquement vous répondre qu'en acceptant précisément les faits et les idées révolutionnaires auxquels nous devons la situation actuelle de la France. Il est obligé de vous dire que la royauté de Juillet tirait son origine de la souveraineté du peuple, et qu'elle ne peut se relever qu'en combattant la royauté légitime, la royauté des siècles, la royauté de la tradition.

Par là, il nie la Monarchie même; car rien n'est plus incompatible et contradictoire que l'autorité d'un roi marchant d'accord avec la souveraineté du peuple. Par là encore, il donne gain de cause à la Démocratie, qui n'est pas autre chose que cette souveraineté, en vertu de laquelle les masses peuvent renverser le lendemain le gouvernement de la veille, comme elles l'ont fait au 10 août 1792, aux journées de Juillet et au 24 Février.

On voit donc que le parti qui se tient en dehors des véritables principes de l'autorité, et qui prétend refaire la Monarchie, se paralyse lui-même par ses propres idées ou par celles de la Révolution, qu'il voudrait pourtant renverser.

Il suit de là qu'il ne peut avoir de foi réelle, puisqu'elle serait sans objet, et qu'elle ne porterait que sur une doctrine complètement opposée au but de ceux qui l'invoquent contre la Monarchie véritable. La foi ne s'attache qu'à des principes fixes, entraînants et lumineux. Est-ce ici le cas? Le parti qui voudrait ramener le régime de 1830 adhère-t-il d'esprit et de cœur à la souveraineté du peuple? Évidemment non; il n'en veut pas plus que nous, quoiqu'il l'invoque quand il en a besoin pour lutter contre la royauté légitime.

Mais est-il du moins sérieusement dévoué à sa cause, comme les Légitimistes le sont à la leur? Lui ferait-il les sacrifices que nos amis ont faits à leur foi? Le retrouverait-on, après vingt ans, dans les mêmes sentiments et avec le même zèle pour la dynastie exilée qu'il veut replacer sur le trône de douleurs que lui avait donné la Révolution?

Il nous sera permis de remarquer avec tout le monde les dispositions qui se manifestent depuis Février, chez ce parti, à l'égard des pouvoirs qui ont quelques chances de s'établir et de vivre. A part quelques rares exceptions, la masse des Orléanistes paraît peu disposée à se condamner à l'attente et à la lutte pour le triomphe de sa royauté; elle la voudrait, elle la préfère à la royauté légitime, contre laquelle s'élèvent ses préjugés et ses antipathies; mais c'est tout ce qu'elle peut; et vienne un pouvoir quelconque qui donne une satisfaction temporaire à ses intérêts, elle consentira volontiers à laisser dans l'exil les princes qui ont ses prédilections.

Nous le répétons : hors certaines exceptions dont nous ne contestons pas la fidélité, la masse du parti

Régentiste n'a ni la foi ni le dévoûment qu'il faut pour reconstituer l'autorité Monarchique contre la Révolution triomphante. Par quelle aberration ses chefs s'imaginent-ils donc pouvoir se passer du concours des hommes qui ont ces qualités-là, et qui portent avec eux tous les principes fondamentaux de l'autorité?

S'ils ont la foi qui leur serait indispensable, qu'ils s'adressent au peuple, et disent : *Le Roi*, avec l'énergie et la conviction de M. Berryer.

Il y a à l'Assemblée Législative des hommes de talent qui savent parler, qui ont l'habitude de la tribune, qui traitent toutes les questions possibles : ils sont Régentistes. Dites à ces orateurs qui ont fait les banquets, qui ont mis le ministère Guizot en accusation, qui ont renversé Louis-Philippe pour avoir la Régence, et pour imposer à la France leur égoïsme et leur ambition; dites-leur donc d'imiter M. Berryer, de parler de M. le comte de Paris comme le grand orateur a parlé du comte de Chambord; de dire : *Le Roi!* et nous verrons quel immense éclat de rire retentira dans toute la France, à commencer par ces masses dont vous niez les idées légitimistes, à commencer par ces ouvriers et ces hommes du peuple qui couvraient, il y a peu de temps encore, dans tout l'Ouest et tout le Midi, les feuilles de leur opinion de leurs modestes souscriptions, pour envoyer à M. le comte de Chambord un témoignage de leur foi politique et de leur dévoûment personnel au petit-fils de Henri IV.

Au moment où j'écris ceci, la voix puissante de M. Berryer émeut la France entière ; il parle de la Monarchie devant la Révolution, devant la République. Les enthousiastes acclamations qu'il soulève autour de lui se continuent à travers les populations, profondément remuées par cette éloquence qui est la splendeur du vrai, ainsi qu'on l'a dit du beau dans les œuvres de l'homme.

Un autre grand orateur avait trois jours auparavant produit également une sensation immense dans le pays : sa parole, inspirée par le plus pur patriotisme, avait montré les périls de la situation, et les moyens de les conjurer ; il avait, lui aussi, parlé avec la fermeté d'une raison convaincue, avec l'élan d'un cœur pénétré, des bienfaits et des grandeurs de la Monarchie, et les esprits les plus prévenus n'ont pu résister à ces accents de la conviction et de l'honneur.

Eh bien! quelle voix d'entre les vaillants de l'Orléanisme régentiste s'est élevée à son tour pour parler de la Monarchie de 1830? pour la poser comme le salut du pays, comme la raison d'être de la France?

Est-ce le talent qui leur manque? Assurément non. Nous l'avons dit plus haut, ils parlent sur toutes choses, et même avec succès. D'où vient donc leur mutisme sur leurs principes monarchiques et sur la dynastie dans laquelle ils veulent les personnifier? Nous le répétons, elle vient d'une absence complète de foi dans leur cause, et de leur indifférence profonde pour tout ce qui sort du cercle étroit de leurs intérêts et de leurs antipathies.

Est-ce ainsi qu'ils prétendent raviver parmi le peuple les idées monarchiques et refaire un trône brisé par une révolution?

Les princes d'Orléans ont là de singuliers défenseurs, et il faudrait les plaindre s'ils n'avaient, pour reprendre possession de la position royale qu'ils ont perdue, que le dévoûment et la foi politique de ces monarchistes.

C'est probablement ce qu'ils se disent à eux-mêmes, et ce qui doit leur faire comprendre la sagesse politique des hommes qui, comme MM. Molé, Guizot, Duchâtel, de Montalivet, de Salvandy, Dumon, Vitet, de Montebello, tous anciens ministres de Juillet, se sont rattachés aux traditions d'autorité que la Révolution de Juillet est venue si fatalement interrompre pour le malheur des d'Orléans comme pour celui de tous.

Ces hommes d'état ont seuls, parmi l'ancien parti Orléaniste, compris les intérêts de la famille de Louis-Philippe; seuls, ils peuvent les servir et les arracher à l'anéantissement qui les menace, et qui serait inévitable si les tristes conseils des Régentistes pouvaient prévaloir auprès des exilés de Claremont.

La Révolution ne relèvera pas les princes d'Orléans ; la Révolution ne peut rien pour la Monarchie, et par conséquent rien pour tout ce qui s'y rattache de près ou de loin. L'avenir des d'Orléans est dans l'avenir même de la royauté, source de leurs titres et de leurs droits, et cette royauté, c'est celle de la maison de Bourbon, dont M. le comte de Chambord est à cette heure le chef.

Quiconque est contre cette royauté est contre les Bourbons, et par conséquent contre les d'Orléans.

Nous en avons eu il y a peu de jours une preuve dans *l'Ordre*, l'un des organes de la Régence. Cette feuille déniait aux fils de Louis-Philippe des droits et des titres, et les réduisait à la condition de simples citoyens. Au point de vue de 1830, elle était parfaitement logique; elle soutenait que les princes d'Orléans ne devaient leur royauté qu'à la Révolution, qui les avait librement choisis, et que dès lors cette Révolution, investie de la souveraineté, ne pouvait leur reconnaître aucun droit supérieur au sien; qu'elle avait des sympathies pour leur famille, mais qu'elle n'était tenue à rien envers elle, pas plus qu'envers tout autre.

Qu'est-ce ceci, s'il vous plaît, si ce n'est la négation même de la Monarchie et la glorification de la souveraineté du peuple, par laquelle nous sommes régis en ce moment?

Qu'est-ce encore, si ce n'est la négation même de la dynastie que les Régentistes veulent replacer sur le trône de Juillet, disons mieux, la destruction de la maison d'Orléans?

Ne sommes-nous donc pas fondés à dire que ce parti de 1830 ne relèvera pas sa Royauté, et qu'il ne peut rien que pour le malheur de la France?

Les accusations.

Mais, à ce nom de Monarchie héréditaire et traditionnelle, qui se personnifie en M. le comte de Chambord, les faux griefs, les préventions aveugles, les accusations injustes, les préjugés misérables de la Révolution, se réveillent et protestent. C'est là toute la force des Régentistes; ce qu'elle est et ce qu'elle vaut, nous allons le montrer.

Nous ne voulons reculer devant aucune objection, car notre cause n'en redoute aucune. Elle a pour elle les faits non moins que la raison et le droit : cela n'est-il pas suffisant pour qu'elle ait confiance en ses destinées, et qu'elle les croie maîtresses de l'avenir?

Voyons donc. Quel est l'argument sur lequel la Révolution édifie tout son échafaudage de récriminations contre la Monarchie légitime? C'est que cette Monarchie est tombée trois fois en soixante ans, parce qu'elle était antipathique aux idées et aux intérêts de la France nouvelle; c'est que sa chute a été la conséquence inévitable des progrès de notre Société; c'est qu'en tombant, elle a satisfait aux besoins du temps et débarrassé la civilisation d'un trop long obstacle.

Eh bien! nous allons prouver dans les pages qui suivent que la Monarchie légitime a fait notre liberté, comme elle a conquis notre territoire; qu'elle a détruit l'ancien régime de 89; qu'elle nous a délivrés du despotisme impérial; qu'elle nous a donné toutes les libertés publiques dont nous jouissons, et dont nous abusons; que sa chute, loin de servir les intérêts du pays, les a perdus; que ses malheurs, depuis 89, ont causé les nôtres; et enfin, que l'exil de la Monarchie légitime a été l'exil même de notre gloire et de notre prospérité.

La Monarchie légitime.

La preuve que la Monarchie traditionnelle a fait son temps, disent les partisans de la Monarchie de 1830, c'est qu'elle est tombée trois fois en soixante ans.

Cette objection, nous la comprenons de la part de la Démocratie; mais elle est inexplicable dans la bouche des hommes à qui nous répondons. Ceux qui l'emploient oublient qu'ils parlent sur les ruines de la royauté révolutionnaire, à laquelle ils avaient promis une durée autre que celle de dix-sept ans et six mois. Mais ils oublient bien d'autres choses encore, que nous voudrions tâcher de leur rappeler, ne fût-ce que pour les aider à mieux servir les intérêts de la branche d'Orléans, qu'ils perdraient, s'ils étaient écoutés.

Si la Monarchie de Juillet n'a péri qu'une fois, il y a une excellente raison à cela : c'est qu'elle ne s'est pas relevée encore de sa première chute. Elle n'est tombée qu'une fois, non pas comme la Monarchie légitime, après avoir brillé pendant des siècles, mais après avoir vécu dix-sept ans en butte aux passions des partis, à la fureur des régicides, et aux assauts incessants de l'esprit révolutionnaire qui l'avait créée à l'Hôtel-de-Ville, et qui l'a jetée à terre en quelques heures. Quand la foi qui anime les chevaliers de Juillet l'aura relevée et remise en possession de la France, nous attendrons qu'elle ait vécu encore quelque temps pour reconnaître à l'ultrà-Orléanisme le droit de dire à la Monarchie légitime : Mais vous êtes tombée trois fois.

Oui, elle est tombée trois fois; mais comment? C'est ce qu'il faut dire.

Quand la Royauté des siècles, la Royauté de Charlemagne, de Philippe-Auguste, de saint Louis, de Louis XII, de François Ier, de Henri IV, de Louis XIV, a eu sa personnification en Louis XVI, la France véritable l'a-t-elle repoussée? Quand celui qu'on appela si justement le Restaurateur des libertés publiques, se trouva en face des représentants de la nation qu'il avait appelés pour l'aider dans la réalisation des réformes qu'il voulait faire subir à la vieille société politique, que portaient les cahiers des Etats? La reconnaissance formelle du principe d'hérédité Monarchique tel que nous le professons, nous, Légitimistes. Qui dans ce mouvement tumultueux des passions déchaînées, qui dans le serment du Jeu de Paume, qui après la prise de la Bastille, qui après les effroyables scènes des 5 et 6 octobre, qui dans l'Assemblée Constituante, où Mirabeau avait la puissance de la foudre, osa s'élever contre la Monarchie légitime?

Tout était attaqué, tout était démoli : lois, institutions, coutumes; tout, jusqu'à la Religion, et cependant nul n'osait porter atteinte au principe d'hérédité. Louis XVI, malgré les limites imposées à son autorité, resta roi de 89 au dix août, roi par droit de naissance, roi humilié dans sa personne, mais respecté dans ses droits. Il y avait bien contre ces droits une conspiration; mais cette conspiration honteuse, méprisée de ceux même qui s'y associaient, n'osa jamais se montrer au grand jour, tant elle eût trouvé d'obstacles au sein de tous les partis qui déchiraient la France. Mirabeau, mourant, aperçut dans l'avenir la chute de son roi, et pleura d'emporter dans la mort une éloquence qui l'eût peut-être sauvé.

La Monarchie légitime était, même aux yeux des factieux, la garantie de la Société tout entière. Lafayette, voyant sa perte, voulut la défendre avec Bailly, avec Barnave, avec tous ces esprits généreux, mais faux, de 91, qui avaient traîné la France au bord de l'abîme. Pourquoi cette alarme quand on apprit la fuite du Roi? Était-ce seulement pour le tuer qu'on courait après lui? N'était-ce pas pour échapper aux conséquences terribles que l'éloignement du Roi allait avoir, et qui fondirent sur la France quinze mois plus tard? Les habiles d'alors, les révolutionnaires politiques, sentaient qu'ils seraient débordés par la démagogie, dans les antres de laquelle se cachait Marat.

Enfin, ceux qui ont déchaîné le monstre sont impuissants à le museler. Il est maître de Paris; la Monarchie tombe sous ses coups au dix août, et voilà les massacres qui commencent. Le sang coule à flots de la maison des Carmes, et pendant trois jours des bras innombrables frappent des milliers de victimes.

La Monarchie légitime est à bas, et avec elle les derniers remparts de l'ordre social. L'échafaud est dressé : le fils de saint Louis y monte, et semble traîner après lui la France.

Le bourreau qui vient de décapiter la Monarchie légitime ne s'arrêtera plus. Quiconque a de la gloire, du renom, du génie, du patriotisme, des vertus, tombera sous le fer de la Révolution ; la Révolution y tombera elle-même, afin qu'elle expie l'immolation de cette Monarchie, qui, selon le républicain Carrel, avait fait la France et l'avait placée si haut dans l'admiration des peuples.

Que devint cette France privée de sa Monarchie légitime ? On la traîna dans l'ignominie après l'avoir traînée dans le sang. Mais Dieu veillait sur elle, et la sauva par la vaillance des héros. Tout-à-coup, du fond des déserts égyptiens, accourt un capitaine ; par le droit de la gloire, il s'empare du pouvoir suprême, et les factieux se taisent.

Napoléon, maître de la France, sent que son autorité ne sera rien sans Monarchie. Il se fera monarque, et le plus semblable qu'il pourra aux monarques légitimes : il agira et parlera comme Louis XIV, et la nation le laissera faire, car la nation ne sait que trop ce qu'elle a gagné à la chute de la Monarchie.

Napoléon est devenu l'arbitre des destinées du monde ; que lui manque-t-il donc ? Depuis Charlemagne, jamais souverain n'a porté si loin la splendeur de sa renommée et l'autorité de son commandement.

Ce qui lui manque, c'est la force héréditaire de la Monarchie légitime. « Si j'étais mon petit-fils ! » dit-il en pensant à cette longue suite de Rois qui se sont transmis le pouvoir à travers les orages politiques, et qui ont maintenu ainsi la continuation de cette grandeur nationale par laquelle nous avons surpassé tous les peuples de l'histoire.

Un héritier lui est né; mais, moins présomptueux que les quasi-Légitimistes de Juillet, il sent qu'il date trop d'hier, et un pressentiment mystérieux lui dit que la Monarchie légitime peut se relever encore et refleurir comme autrefois. Mais quelle puissance peut renverser la sienne? Les rois qu'il a vaincus, et sur le bandeau desquels se voit la poussière de ses pieds, pour parler comme le poète, pourront-ils jamais le précipiter du haut de sa fortune?

Pendant qu'il faisait ces rêves, Dieu l'avait abandonné à lui-même; en quelques jours son étoile avait pâli, et tout-à-coup, à la suite d'une folle entreprise, il s'était vu poursuivi par l'Europe coalisée. Il rentrait en France, mais non plus en triomphateur. En de pareils revers, un roi légitime, Philippe de Valois, avait entendu crier autour de lui : « Laissez passer, c'est la fortune de la France. » Napoléon ne traînait après lui que des désastres; ils eussent été immenses et irréparables si, au milieu de ces insolents ennemis sur lesquels nos soldats avaient tant de fois marché, n'était apparue tout-à-coup la lignée légitime des anciens peuples.

Elle enleva les balances de la victoire aux Brennus de la coalition, et de par ses aïeux, de par les siècles, de par notre histoire, de par les grands souvenirs qui formaient sa couronne, elle arracha la nationalité française des mains des peuples.

La France tressaillit d'enthousiasme au retour de la Monarchie légitime, et Carnot, qui l'avait vingt ans avant frappée de son vote régicide, ne put s'empêcher de proclamer, dans une mâle allocution à ses soldats, que c'était bien là un mouvement national.

La Monarchie légitime était tombée une première fois; on voit ce qu'il en advint à notre pays, et comment, après tant de malheurs, cette Monarchie se releva pour le salut de tous. Mais, dites-vous, elle tomba de nouveau. Qui donc causa cette autre chute? Est-ce la nation? Celle-ci rappela-t-elle en 1815 le grand capitaine qui l'avait écrasée de son despotisme? Fut-ce en haine de la Royauté légitime que se fit le 20 Mars?

Qui oserait commettre un pareil outrage à l'histoire contemporaine? Napoléon avait laissé des regrets profonds parmi les braves auxquels il devait sa puissance, et qui lui devaient à leur tour une vie conforme à leurs goûts pour les glorieux hasards de la guerre. L'armée demandait une vengeance contre l'Europe, et malgré les revers de son illustre chef, comptait encore sur lui pour retrouver ses triomphes d'autrefois. Ainsi se fit le 20 Mars : l'aigle parti de Cannes vola de régiment en régiment jusqu'aux Tuileries, d'où bientôt, reprenant son vol, il vint s'abattre à Waterloo.

Trahi de nouveau par la fortune, Napoléon trouva-t-il du moins derrière lui la France? Non; elle ne l'avait pas rappelé, elle ne le retint pas. Il partit pour la dernière fois, laissant après lui de nouveaux et poignants désastres, et aucun regret. La Monarchie légitime revint aux acclamations de la France; elle ne se relevait pas, car elle n'était pas tombée, dans le sens que l'entendent ceux auxquels nous répondons. La preuve qu'elle n'était pas tombée, c'est qu'après cent jours d'angoisses, elle reparut tout aussi fêtée par la nation qu'à son premier retour.

Voilà donc de nouveau la Royauté légitime rendue à la France, dont elle avait étendu le territoire, établi la grandeur, et fondé la prépondérance.

Qui cicatrisa les plaies de la patrie? qui répara nos

revers? qui délivra le territoire du soldat étranger? qui rendit toutes les libertés confisquées par Napoléon? qui lia le présent au passé par de larges institutions? qui redonna la vie au commerce, à l'industrie, aux arts, aux lettres, à tout ce qui constitue un grand peuple civilisé? La France s'était-elle trouvée depuis soixante ans dans une telle phase de prospérité? A qui devait-on cela? A la Monarchie légitime, dont la chute avait ouvert l'abîme où la nation avait failli disparaître.

La Monarchie légitime garantissant tous les droits, consolidant la paix, relevant l'autorité, eût fermé l'ère des révolutions, si l'opposition acharnée qu'elle rencontra parmi les débris des gouvernements passés, ne l'eût condamnée à une lutte où les fautes étaient inévitables, et qui devait se terminer par la surprise d'une insurrection victorieuse, et dictant ses lois à la France.

Mais il faut voir ce que la Monarchie légitime a fait pour la Nation de 1814 à 1830.

De 1814 à 1830.

I.

Il y a de par le monde politique certaines gens qui, ayant à parler ou à écrire sur les dix-sept années du régime de Juillet, en font le point de départ de la prospérité publique en France, et semblent n'avoir qu'une vaporeuse souvenance du gouvernement renversé par les barricades. Tout ce qui s'est fait de 1815 à 1830, est, pour leur appréciation de ces deux dates, ce qu'était pour l'anatomie comparée de Cuvier la période antédiluvienne, c'est-à-dire un monde de fossiles.

C'est de Juillet que date la renaissance du pays, et

les pavés des trois journées ont, à peu de chose près, fait l'office des pierres de Deucalion ; ils ont repeuplé d'une race plus virile et plus heureuse le sol de la France.

C'est Juillet qui nous a redonné la paix, la gloire, le travail, la confiance et la fortune. Et c'est certainement cette régénération que Virgile avait en vue quand il écrivait ces vers immortels que nous récitions, nous, à la veille de 1830, sur les bancs de l'école :

Magnus ab integro sæclorum nascitur ordo ;
Jàm redit et virgo, redeunt Saturnia regna ;
Jàm nova progenies cælo demittitur alto.

L'enthousiasme est chose si rare par le temps de scepticisme où nous vivons, que nous sommes toujours disposé à le respecter, même quand il n'est qu'une tactique. Nous laisserons donc volontiers les louangeurs des dix-sept années qui ont précédé le 24 Février s'exclamer à leur aise sur toutes les félicités dont la Révolution de Juillet, généreuse comme Auguste à l'égard de Cinna, voulut bien nous accabler pendant cette époque. Seulement, on nous permettra de jeter un regard rétrospectif sur le régime qui a précédé celui de 1830, et de montrer, l'histoire à la main, ce qu'il a fait pour la France, grâce au principe Monarchique qui l'avait constitué.

On falsifie odieusement l'histoire quand on fait peser sur les Bourbons la responsabilité des désastres de 1815. S'il y a un fait avéré pour tout esprit impartial, c'est celui de la France sauvée par la Restauration. Sans elle, sans l'autorité de la grande race qui reprenait possession du trône de ses aïeux, notre ancien territoire était entamé de toutes parts, et nous perdions les conquêtes de Louis XIV.

Les traités de 1815 furent certainement bien odieux, bien spoliateurs; les rois de l'Europe, enivrés de leurs succès, et se voyant maîtres de la France, se crurent avec raison maîtres du monde. Ils se partagèrent, sans plus de façon, ce qui fut à leur convenance dans les conquêtes récentes de l'Empereur. L'Autriche s'adjugea la Haute-Italie; l'Angleterre reprit le Hanôvre, et traitant en sujette la Méditerranée, sur laquelle elle dominait par Gibraltar et Malte, elle rangea sous sa domination les îles Ioniennes. Puis, pour justifier le vers fameux de Lemierre :

Le trident de Neptune est le sceptre du monde,

elle étendit ses prétentions à l'Océan, où elle s'empara de toutes les îles qu'elle put aborder. La Prusse vint jusqu'aux provinces Rhénanes, et s'installa dans Mayence; la Russie mit la main sur la Pologne, pour la traiter comme on l'a vu depuis. Les souverains coalisés se vengeaient par cette spoliation, qu'il faudrait caractériser d'un mot plus énergique. Mais cela était bien peu de chose encore pour leur soif de représailles et pour leurs calculs d'ambitions.

Ce qu'ils voulaient, c'était diminuer le plus possible cette France qu'ils détestaient, et dont ils avaient peur. Ils avaient formé à cet égard des projets, révélés depuis par l'empereur de Russie au Congrès d'Aix-la-Chapelle. C'est là qu'Alexandre montra à M. de Richelieu la carte sur laquelle était marquée la cession de territoire que les souverains coalisés voulaient nous imposer après Waterloo. Ce fait se trouve consigné dans la vie et les travaux de M. le comte d'Hauterive, qui a joué un rôle important dans la diplomatie, et à qui M. de Richelieu avait lui-même montré cette carte.

Or, sait-on en quoi consistait cette cession? Par elle, nous eussions perdu Lille, Metz et Strasbourg, avec deux lieues en deçà sur toute la ligne, depuis la Flandre jusqu'à l'Alsace. Ainsi, le Nord, les Ardennes, la Meuse, la Moselle, la Meurthe, le Bas-Rhin, six de nos départements, étaient entamés.

M. Alfred Nettement, parlant de ce projet, dans son *Exposition Royaliste,* fait observer qu'il nous faisait reculer à la fois devant la Belgique, la Prusse et la Bavière; la France rétrogradait sur toute la ligne du Nord et de l'Est, et l'Allemagne débordait sur nous.

Si l'autorité des noms de MM. de Richelieu et d'Hauterive ne suffit pas pour établir l'authenticité de ce projet, nous pouvons citer un autre nom, un autre témoignage qui a bien aussi sa valeur. M. de Châteaubriand s'exprime ainsi dans le *Congrès de Vérone* :

« J'ai vu de mes propres yeux cette carte entre les » mains de Mme de Montecalm, sœur du noble négo- » ciateur. »

Il existe une autre preuve authentique de ces dispositions des rois alliés à l'égard de la France. Le prince de Hardenberg disait, dans un Memorandum :

« Les garanties doivent-elles consister simplement » en des contributions que l'on demanderait à la » France, ou en argent, ou en pays? Quoi, en ar- » gent? quoi, dans la masse du pays? » (1).

Le gouvernement des Pays-Bas fut consulté sur ce

(1) *La Vie et les Travaux du comte d'Hauterive.*

point ; son ministre fit la réponse suivante , qu'on trouve dans l'*Histoire de la Restauration*, par M. Capefigue :

« On userait de beaucoup de modération envers la » France, si cette puissance n'était tenue qu'à resti- » tuer l'Alsace, la Lorraine, la Flandre et l'Artois, à » leurs anciens maîtres. »

Que fit Louis XVIII en cette occurrence? D'après même M. Capefigue, qui n'est pas suspect, et dont le témoignage est cité dans l'*Exposition Royaliste* de M. Nettement, le roi légitime laissa entrevoir que si les alliés persistaient dans ces prétentions, il se retirerait derrière la Loire, au sein de l'armée, qu'il appellerait à lui les fidèles provinces de l'Ouest, alors en armes, et qu'il soulèverait ainsi toute la France contre les souverains coalisés.

Voilà comment agit celui dont l'aïeul Louis XIV disait à Villars partant pour l'armée : « Si vous suc- » combez, écrivez-moi : je monterai à cheval. Je con- » nais les Français ; ils me suivront sur le champ de » bataille ; je vaincrai avec eux, ou nous nous en- » sevelirons ensemble sous les débris de la Monar- » chie. »

Voilà comment agit celui qui, voyant qu'on songeait à faire sauter un pont auquel se rattachaient les glorieux souvenirs d'Austerlitz, disait : « Je me ferai » transporter sur le pont, et l'on verra si Blücher ose » mettre le feu aux mines ; » celui qui, rentrant aux Tuileries en 1815, prit fièrement le pas sur tous les souverains, comme faisaient ses ancêtres, et sembla leur dire, selon la remarque de l'*Assemblée Nationale :* « Ma nation a été bien humiliée par ses revers ; » mais elle n'abdique aucun de ses droits. »

Celui-là portait haut le nom de la France, car la France c'était sa race même, non dans le sens égoïste et personnel du mot, mais dans son acception la plus patriotique et la plus nationale ; celui-là avait l'orgueil de toute une nation, parce qu'il lui appartenait, non par la chance d'une révolution ou d'une bataille, mais par le droit traditionnel et séculaire de la plus longue dynastie qui ait régné sur un peuple ; celui-là parlait ferme aussi, parce que Royauté oblige, et que la sienne l'obligeait au nom de ces rois vaillants qui ont agrandi la France et l'ont faite la reine du monde.

Sans la Monarchie légitime, à qui tombions-nous, et que devenait notre nationalité ? La Monarchie légitime était rentrée dans la France envahie ; elle s'interposa entre nous et d'insolents ennemis, irrités par de longues et humiliantes défaites ; elle sauva l'intégrité de notre ancien territoire, et releva notre dignité aux yeux de l'Europe, maîtresse de nos frontières.

D'après les traités de 1815, 150,000 hommes devaient rester sur le sol français pendant cinq années. Cette condition pesait au cœur de la Monarchie légitime, et elle chercha à la détruire. Grâce à des négociations habiles, grâce à M. de Richelieu, l'armée étrangère avait complètement disparu de la France en 1818.

Louis XVIII témoigna une joie extrême en apprenant ce résultat, et il écrivit à M. de Richelieu en ces termes :

« J'ai assez vécu, puisque j'ai vu la France libre, et » son drapeau flotter sur toutes les villes françaises. »

La Monarchie légitime tint un langage non moins patriotique aux Chambres, à l'ouverture de la session :

« Un de mes fils (le duc de Berry), dit le Monarque, » accourut pour s'unir aux premiers transports de » nos provinces affranchies, et de ses propres mains, » aux acclamations de mon peuple, arbora le drapeau » français sur les remparts de Thionville. Ce drapeau » flotte aujourd'hui sur tout le sol de la France; l'Eu- » rope a accueilli avec empressement la France re- » placée au rang qui lui appartient. »

Voilà des paroles qui témoignent éloquemment de la sollicitude de la Monarchie pour l'honneur français.

Le duc de Richelieu, l'un de ces nobles revenus pauvres de l'exil, reçut, en récompense des services qu'il avait rendus au pays en cette difficile circonstance, un témoignage de la gratitude de l'État : il lui fut alloué une rente considérable, dont Bordeaux seul a profité, car c'est aux millions dont n'a pas voulu le petit-neveu de l'illustre ministre de Louis XIII, et qu'il nous a légués, que nous devons ce magnifique palais de la Charité, où les pauvres trouvent les secours d'une religion qui soulage toutes les misères et adoucit toutes les douleurs. Ces grands seigneurs ont parfois du bon.

Ainsi, après avoir montré plus haut comment la Monarchie légitime n'avait pu périr sans entraîner avec elle la fortune de la France, nous la voyons se relever au milieu de nos désastres, pour y mettre fin et pour les réparer.

Vaincus par le nombre, nous eussions subi la loi des vainqueurs, ou nous eussions péri avec gloire. Mais, dans l'un et l'autre cas, que devenait la France? Couverte de cicatrices, elle reprit sa vigueur d'autrefois, sous cette Monarchie que l'ingratitude, l'ignorance et la passion des partis, osent insulter aujourd'hui. Elle avait succombé sous l'Europe; elle se releva devant elle, et l'Espagne, la Grèce et Alger, la retrouvèrent dans tout l'éclat de sa puissance et de sa gloire.

II.

On comprend que nous n'avons nullement l'intention d'écrire, même en résumé, l'histoire de cette période de quinze ans. Le temps et l'espace nous manquent à la fois pour cette œuvre; elle est trop vaste et trop compliquée pour le cadre étroit où nous sommes nécessairement renfermés. Il ne nous est permis que d'indiquer rapidement les faits les plus saillants par lesquels s'est manifestée l'action réparatrice de la Monarchie restaurée. Cette action, nous en trouvons partout les effets, au dedans comme au dehors : au dedans, par le développement de notre prospérité; au dehors, par le maintien de notre prépondérance.

Quand les Bourbons revinrent, ils trouvèrent la France dans la situation financière la plus déplorable. Pour ne pas fatiguer l'attention de nos lecteurs par des chiffres, nous nous bornerons à dire que la Restauration, après avoir fait réduire de cinq à trois ans l'occupation du territoire par une armée de 150.000 hommes, et avoir par là même réduit d'autant les frais de cette occupation, le déficit était de plusieurs milliards de contributions de guerre, selon le chiffre établi par M. le marquis d'Audiffret dans son consciencieux travail : *Le Budget*. Le compte des finances de l'année 1824 ajouta à cette somme six cent cinquante millions d'arriéré.

Il semblait qu'il fût impossible de combler un tel abîme financier. Mais un Gouvernement fort, et qui apportait avec lui toutes les garanties de la durée, devait posséder des ressources qui eussent manqué à tout autre. Le crédit qu'il trouva d'une part, et l'admirable système financier qu'il mit en œuvre de l'autre, triomphèrent de la situation.

Au 15 mars 1830, c'est-à-dire à la veille de la révolution de 1830, M. le Ministre des Finances, dans un rapport présenté au Roi, disait ceci :

« Toutes les dettes sur les anciens exercices sont » soldées ou couvertes par des moyens suffisants, et » les budgets courants ou futurs offrent dès à présent » des fonds libres et de grandes espérances d'amélio- » ration. »

Le budget que nous avons vu, dans les dernières années du régime de Juillet, s'élever à quatorze cents millions, ne s'élevait en 1830 qu'à neuf cents, et la Révolution de Juillet, loin d'avoir eu à combler, comme la Restauration, un déficit de plusieurs milliards, avait trouvé la situation prospère qu'on vient de voir.

Cependant, un des arguments sur lesquels le Libéralisme s'appuyait avec le plus d'insistance pour discréditer la Restauration, c'est qu'il nous fallait un Gouvernement à bon marché, et que celui-là ruinait la France.

Enfin, pour terminer cet aperçu de l'état des finances sous la Restauration, citons ces lignes de l'ouvrage si remarquable que M. D'Audiffret a publié il y a trois ans, et qui porte pour titre : *La crise Financière de* 1848.

« L'impartialité de l'histoire doit saluer un jour de » ses hommages une administration qui n'a laissé » d'autre trace sur le grand livre que celle des char- » ges et des dommages créés par les Gouvernements » antérieurs, et qui a dégrevé l'avenir de plus de 65 » millions de rentes léguées par le passé ; tandis que » le Trésor abandonnait 92 millions d'impôts directs » et n'élevait sa dette flottante qu'à 167 millions de » capital en lui réservant un gage de plus de 90 mil- » lions sur le Gouvernement espagnol.

» Le budget annuel de 983 millions (1) constam-
» ment augmenté par des revenus progressifs puisés
» aux sources fécondes de la paix et diminué par des
» économies sagement appliquées aux dépenses abu-
» sives ou superflues, avait déjà réparé la plus grande
» partie du matériel militaire , relevé de son long dé-
» périssement notre puissance maritime, nos colo-
» nies, notre commerce, nos industries agricoles et
» manufacturières, et doté plus généreusement tous
» les services qui assuraient la grandeur et la richesse
» du pays. »

M. D'Audiffret dit encore dans un autre passage :

« L'agriculture s'est également enrichie par des
» améliorations et par des avances qui osaient se
» confier à l'avenir, par un écoulement plus facile de
» ses récoltes, par une vente mieux assurée et plus
» avantageuse des matières premières de nos manu-
» factures; enfin, par 92 millions de dégrèvements
» accordés sur l'impôt direct, et qui se sont ajoutés
» en même temps aux revenus et à la valeur capitale
» de la propriété.

» La justice et la bonne foi qui présidaient à tous

(1) Voir le rapport du 15 mars 1830 sur l'administration des finances.

» les actes de l'administration, ont fondé en France » le crédit public, cette puissance nouvelle des gou» vernements éclairés, qui a sauvé l'honneur et l'in» dépendance du pays en 1814 et 1815, et qui nous a » élevés, en quelques années, au plus haut degré de » la force et de la prospérité nationales. »

Voilà ce qu'a écrit sur la Restauration la plus grande autorité financière de notre époque.

Que la Monarchie légitime fut bien vengée, non seulement sous le rapport financier, mais sous tous les autres! L'opposition n'avait-elle pas accusé les Bourbons d'être aux pieds des étrangers? Quand elle arriva au pouvoir, elle trouva la preuve de sa calomnie dans les correspondances diplomatiques tombées entre ses mains : elle-même ne fut-elle pas condamnée à faire ressortir, par son humble attitude devant l'Europe, la fière et nationale indépendance de la Monarchie légitime vis-à-vis du monde sur qui elle avait fait régner la France?

On avait accusé la Restauration d'être intervenue en Espagne en 1823 pour complaire aux puissances absolutistes. M. de Châteaubriand a montré, dans le *Congrès de Vérone*, que l'initiative de cette guerre vint de la Révolution, qui menaçait de franchir les Pyrénées et de bouleverser l'Europe et le Gouvernement dont il était alors le Ministre. Il a, de plus, indiqué les hauts intérêts dynastiques et conservateurs qui amenèrent cette intervention des Bourbons, Et ne voit-on pas, aujourd'hui que la Révolution a gagné de proche en proche l'Europe, la prévoyance politique qui fit prendre les armes à la Restauration pour arrêter et détruire le fléau qui menaçait de franchir les Pyrénées et de porter au loin ses ravages?

La Restauration fit donc un grand acte de sagesse en étouffant la révolution péninsulaire, et de plus, elle montra, par la promptitude qui présida à l'organisation de sa magnifique armée, ce qu'elle pourrait faire, si l'honneur de la Nation lui commandait des entreprises guerrières plus vastes et plus chanceuses.

La Restauration avait étouffé la Révolution en Espagne; elle releva la liberté en Grèce : elle accourut venger les restes opprimés d'un grand peuple. Elle ne regarda pas à quels hommes elle s'associait pour ce grand acte d'humanité et de civilisation; elle se fit l'auxiliaire de ceux même qui l'attaquaient chaque jour au nom de la liberté, pour arracher les débris d'une nation jadis glorieuse à l'esclavage, et pour la remettre en possession de sa nationalité.

Dix ans après, la Restauration vengeait la France insultée par un Barbare. Les soldats de la Monarchie allèrent lui conquérir un autre royaume et établir sa domination au sein même des déserts.

L'Angleterre, jalouse de notre prospérité et de notre gloire, et redoutant les conséquences maritimes que pourrait entraîner contre elle l'expédition algérienne, voulut y faire obstacle. La Restauration, que le Libéralisme faisait la vassale de l'Angleterre, signifia à celle-ci sa volonté de punir l'offense que nous avions reçue du Dey, et voici en quels termes s'exprimait Charles X. Nous citons le journal de M. de Guernon-Ranville, alors Ministre :

« Le Roi a ordonné de répondre qu'il n'est guidé
» par aucune vue d'intérêt personnel; que le pavillon
» a été insulté, et qu'il saura le venger comme il con-
» vient à l'honneur de son peuple; que si, dans la
» lutte, le gouvernement actuel de la Régence venait
» à être renversé, il s'entendrait volontiers avec ses
» alliés sur les moyens de substituer à ce gouverne-
» ment barbare un nouvel ordre de choses, plus ap-
» proprié aux progrès de la civilisation et aux vérita-
» bles intérêts de la Chrétienté; mais qu'à cet égard,
» il n'entendait prendre aucun engagement contraire
» à la dignité de la France. »

L'Angleterre insista au nom du droit même de la Porte-Ottomane; elle employa toutes les ressources de la diplomatie la plus déliée : ce fut inutilement. La Restauration passa outre, et la Monarchie légitime, jalouse de maintenir intact l'honneur de la France, planta nos drapeaux triomphants sur la terre africaine.

Je le répète, je n'écris pas l'histoire de la Restauration, et, en un si court espace, je ne puis qu'indiquer les grandes choses par lesquelles la Monarchie légitime manifesta son action réparatrice au dedans et sa prépondérance nationale au dehors.

L'état de ses finances prouve sa prospérité et celle du pays; ses expéditions militaires, sa force et sa dignité.

Le Libéralisme l'a poursuivie de ses accusations; a-t-il jamais osé contester qu'elle ait fait fleurir le commerce, les arts, l'industrie, tout ce qui fait la richesse d'un peuple? On parle des admirables développements de la fortune publique depuis 1830 ; y a-t-il quelqu'un qui ose dire que, sous ce rapport, la Restauration ait été inférieure au gouvernement de Juillet?

On accuse la Monarchie d'avoir fait la guerre à la liberté; il est vrai qu'elle a voulu arrêter la Révolution, ce qui est bien différent. L'a-t-elle fait toujours avec prudence? Dans l'ardeur de la lutte, n'a-t-elle pas quelquefois dépassé le but? C'est en cela qu'elle fit des fautes. Mais quel Gouvernement n'en a pas fait, et quel autre eût pu résister à cette guerre acharnée de la presse et de la tribune contre l'autorité et contre ses principes constitutifs?

Aucun autre régime jusque-là n'avait donné plus de libertés à la France, et c'est par l'abus de ces libertés que la Restauration périt.

Elle tomba sous les coups de la Révolution; mais nous le demandons à ses anciens ennemis eux-mêmes, en ont-ils profité? La liberté qu'ils disaient défendre a-t-elle gagné à cette chute de la Monarchie légitime? Qu'ils songent aux malheurs des d'Orléans, à la tombe de l'exil où est couchée la royauté de Juillet, et qu'ils répondent.

La Monarchie tombée en 1830 était le salut de tous; quiconque le nie et se dit Monarchiste, ferme les yeux aux plus terribles enseignements que les hommes aient jamais reçus du Ciel. Quelles calamités lui faut-il donc de plus pour lui donner l'intelligence des évènements et des moyens de revenir à l'ordre, à la paix, à la prospérité dont la France a joui sous le sceptre glorieux de ses Rois?

Les Préjugés.

Nous venons de voir ce que fut la Monarchie légitime depuis sa restauration en 1814 jusqu'à sa chute en 1830. La grandeur de ses vues, la nationalité de sa diplomatie, l'habileté de son administration, la prépondérance de sa politique, l'état de ses finances, le bien qu'elle a fait au pays, tout cela, nous avons tàché de l'exposer dans le cadre étroit où nous étions renfermés.

Tout esprit impartial qui voudra se mettre au-dessus des provocations aveugles ou intéressées des partis, appréciera comme nous ce Gouvernement, et ne pourra lui refuser sa reconnaissance comme Français.

Il n'y a pas de régime qui ait été plus calomnié que

celui-là, pa[illegible]qui se soit trouvé en butte à plus d[illegible]nsées, à plus d'ambitions guerroyantes, à plus d'idées subversives, et ajoutons, à plus de circonstances fatales. La Restauration est tombée sous les préjugés qu'on avait alimentés contre elle dans les masses, et ces préjugés, dont la raison publique a depuis longtemps fait justice, un parti qui en a besoin pour revenir à la Royauté de 1830, cherche à les faire revivre et à les armer contre la Monarchie légitime.

Ainsi, quelques hommes parlent encore de la Noblesse, et des priviléges qu'elle pourrait revendiquer, sous le patronage de la Légitimité. D'autres, moins nombreux, mais tout aussi dépourvus de sens et de bonne foi, nous montrent le Clergé aspirant à la domination, et s'aidant de la Royauté pour faire violence à l'esprit du temps.

Nous avouons avoir quelque honte à répondre à d'aussi ridicules objections; et cependant, il suffit qu'elles fassent obstacle dans certains esprits à l'acceptation des véritables principes Monarchiques, pour que nous les abordions ici de face, et pour que nous montrions avec quelque développement l'action possible du Clergé et de la Noblesse dans la Société moderne.

Aussi bien, ce sera pour nous l'occasion de dire à la Bourgeoisie où sont ses véritables intérêts, et de déterminer les causes des calamités dont elle est menacée.

Quant au Clergé, nous reprendrons les choses de moins haut, et nous nous bornerons à quelques remarques que le lecteur trouvera, nous l'espérons, suffisantes pour la question débattue.

Le Clergé.

On nous jette à la tête le mot de haut Clergé et de Noblesse, comme cela se faisait au bon temps de 89, et sous le règne du Libéralisme.

Le haut Clergé, c'est-à-dire l'Épiscopat, a été renouvelé en entier depuis 1830. Il est en très-grande partie du choix de Louis-Philippe, et rendons justice à ce prince, ce choix a été bon. Aucun des évêques actuels n'a vu *la France ancienne;* la plupart étaient sous la Restauration dans leur première jeunesse. Tous à-peu-près appartiennent à la Bourgeoisie; quelques-uns sortent des rangs du peuple. Comment donc ce haut Clergé peut-il s'être attaché à *la France ancienne*, et vouloir plutôt M. le comte de Chambord que M. le comte de Paris, si ce n'est parce que le premier représente la vérité Monarchique et que le second ne la représente pas? Est-ce que M. le comte de Chambord peut donner au haut Clergé des titres, des biens et des priviléges autres que ceux qu'il recevrait de M. le comte de Paris? Assurément il ne serait ni plus riche ni plus honoré avec le premier de ces princes qu'avec le second. Disons mieux, disons toute notre pensée.

Nous ignorons complètement quelles sont les préférences dynastiques de l'Épiscopat; mais, s'il ne consultait que ses intérêts matériels, s'il ambitionnait quelque prépondérance politique, il devrait aller à la Royauté de 1830. Celle-là, pour se rasseoir, pour s'affermir, pour s'appuyer sur des bases fortes, ferait tout pour le haut Clergé; elle s'en servirait comme d'un instrument de règne, sans beaucoup de souci du tort qu'elle pourrait faire à l'autorité du Sacerdoce au milieu des partis qui divisent la France.

Mais l'Épiscopat français a fait ses preuves de sagesse et de réserve au milieu de nos tristes discordes; il a su rester étranger aux luttes des partis, et c'est par cette neutralité qu'il a mérité la vénération de tous les bons esprits.

Quel que soit le pouvoir qui triomphe dans l'avenir, le haut Clergé n'a d'autre rôle à jouer que celui qui lui est imposé par les sublimes devoirs de son divin ministère. Il a heureusement cessé d'appartenir à la vie politique. République ou Monarchie, Royauté légitime ou Royauté bâtarde, la sphère de son action ne changera pas; et il a bien montré, par sa conduite au milieu des circonstances les plus difficiles et les plus agitées par lesquelles nous avons passé, qu'il voulait n'en pas sortir, par sollicitude pour les intérêts sacrés qui lui sont confiés.

Que les survivants de l'opposition libérale sous la Restauration cessent donc d'inféoder le haut Clergé à la Monarchie légitime; s'il est pour elle, ce ne peut être, comme nous l'avons montré plus haut, pour aucun de ces intérêts politiques dont on alarme les niais, et que l'Épiscopat français a depuis si longtemps répudiés; une autre raison plaide à ses yeux la cause de la Royauté légitime : c'est celle qui frappe tous les esprits sensés et loyaux, c'est-à-dire le droit.

Quant aux simples prêtres, qui exercent leur pieux ministère dans nos villes et nos campagnes, que leur fait la fortune de tel ou tel pouvoir? Ont-ils à attendre de celui-ci plutôt que de celui-là quelque avantage personnel? La Restauration les a-t-elle traités plus favorablement que le régime de Juillet? Leur a-t-elle rendu quelques parcelles des biens du Clergé confisqués en 1790? Le si minime traitement que ces hommes d'abnégation et de dévoûment reçoivent, n'a-t-il pas été le même sous les princes légitimes que sous le Gouvernement de 1830?

Le Libéralisme fait du prêtre un allié de l'aristocratie; quel absurde contresens? Le prêtre, sorti presque toujours des rangs du peuple, est né et a grandi au milieu des travailleurs; il a été élevé par des hommes de la même classe que lui; on lui a enseigné toutes les prescriptions de la charité chrétienne, et nul n'est dans de meilleures conditions de naissance et de position pour en comprendre les devoirs vis-à-vis de tous, du pauvre surtout, à qui cette charité est si nécessaire.

Dans l'ancienne Société, il y avait une aristocratie politique dans le Clergé; elle a disparu pour toujours; et comme au temps où le Christ choisissait des pêcheurs de la Judée pour lui soumettre le monde, c'est dans la classe laborieuse que le Catholicisme recrute son apostolat.

N'y a-t-il pas là un dessein providentiel? Appelé à soulager la misère, le prêtre ne doit-il pas l'avoir vue de près, l'avoir connue par lui-même ou par les siens?

Et quant au côté social, puisque les principes d'égalité civile ont détruit les anciens priviléges de naissance, le prêtre sorti du peuple, et par conséquent non suspect d'attachement à un régime aristocratique dont la France ne veut plus, n'est-il pas dans de meilleures conditions pour exercer son ministère au milieu d'une nation si jalouse de ses droits et de ses libertés?

Le Clergé n'est et ne peut être politique, quel que soit le Gouvernement qui l'emporte dans l'avenir. Sa mission sera toujours ce qu'elle est aujourd'hui, et c'est se moquer du bon sens public que d'épouvanter la France du fantôme de la domination sacerdotale.

Si cette domination était chose possible, quelle barrière le siècle trouverait contre elle dans le scepticisme qui l'a gagné! Il en aurait une autre non moins infranchissable dans ses lois et ses mœurs, qu'il n'est au pouvoir d'aucune force humaine de détruire.

Ces observations, il n'est aucun esprit judicieux qui ne les ait faites par lui-même; et ceux même qui prêtent au Clergé de si folles vues d'ambition, et aux partisans de la Monarchie légitime l'intention de s'y associer, savent très-bien qu'ils sont dans l'absurde; mais ils y sont avec tactique, et avec une déloyauté calculée, cette ressource des mauvaises causes.

Après ce préjugé contre le Clergé, à propos de Monarchie, il s'en présente un autre contre la Noblesse. C'est ici que nous allons entrer dans quelques développements : le sujet le demande, car il touche par tous les côtés à la politique et à la Société moderne.

On a beaucoup écrit pour et contre la Noblesse; nous voudrions, à notre tour, dire notre opinion sur ce qu'elle a été et sur ce qu'elle doit être; et cela, avec toute l'impartialité que nous nous efforçons d'apporter dans l'examen des sujets qui se présentent sous notre plume. Nous sommes dans la plus parfaite indépendance personnelle et de parti vis-à-vis de la Noblesse, comme vis-à-vis de la Bourgeoisie et du Peuple.

Rien en nous ni autour de nous ne gène la liberté de notre jugement sur cette classe honorable, pas plus que sur les autres. Nous l'apprécierons donc comme élément de la Société française, et dans la situation que les révolutions lui ont faite depuis 89.

Nous cherchons à être juste envers tout le monde, même envers nos adversaires les plus acharnés. On ne s'étonnera donc pas que nous prétendions l'être à l'égard de la Noblesse.

La Noblesse.

I.

Au début de ces considérations, nous tenons à réfuter une erreur qui a cours encore dans le monde, quoiqu'elle aille s'affaiblissant chaque jour : c'est à savoir que la Noblesse a été toujours, mais surtout depuis 89, l'ennemie de la liberté et du progrès.

Pour ramener l'esprit de parti à une appréciation plus équitable des idées et des tendances politiques de la Noblesse française, il importe de démontrer preuves en main, c'est-à-dire avec les faits les plus patents de l'histoire contemporaine, que l'aristocratie a fait la Révolution du dix-huitième siècle, et amené 89. Essayons de l'établir ici, à l'aide de quelques observations aussi nettes et aussi succinctes que possible, afin de ménager la patience du lecteur et l'espace qui nous est réservé.

A qui faut-il rappeler que 89 fut l'explosion des idées philosophiques, que des plumes hardies et éloquentes avaient établies dans les esprits? Qui ne sait que ce puissant démolisseur qui a nom Voltaire, que ce fou sublime qui a nom Rousseau, que ce vaste analyseur qui a nom Montesquieu, que ces intelligences fécondes, diverses et passionnées, qui s'appellent Diderot, d'Alembert, Condorcet, Condillac, Mably, Helvétius et Beaumarchais, ont contribué, chacune dans la mesure de ses facultés et de son influence, à ébranler l'édifice de la vieille Société française?

Quiconque a lu quelque peu l'histoire littéraire et philosophique du siècle dernier, en sait tout autant que nous là-dessus. A part Montesquieu, dont les écrits profonds et mesurés poussaient plus sûrement à la démolition du vieux régime féodal, les ouvrages de tous ceux que nous venons d'indiquer, et d'une foule d'écrivains subalternes qui marchaient à leur suite, étaient prohibés par une législation sévère, qui n'allait à rien moins qu'à l'incarcération illimitée de ceux dont émanaient ces ouvrages.

Armé de ces dispositions préventives et répressives, le Gouvernement pouvait arrêter la plume des novateurs et étouffer l'esprit philosophique à sa naissance. Mais, pour cela, il eût fallu que l'aristocratie d'alors n'eût pas prêté la main aux penseurs, aux économistes, aux poètes, aux encyclopédistes, qui voulaient refaire la Société.

Si l'aristocratie nobiliaire avait été ce que les déclamations libérales l'ont faite depuis, c'est-à-dire l'ennemie des lumières et de la liberté humaine, personne en France n'eût pu lire le *Dictionnaire philosophique*, le *Contrat Social*, l'*Encyclopédie*, et les innombrables livres sur les droits de l'homme et du citoyen dont la nation fut inondée à cette époque.

Ne pouvant les faire imprimer en France, leurs auteurs recouraient aux presses de Londres, de La Haye et de Genève, et les envoyaient ensuite par masses à nos frontières, qu'ils franchissaient sans obstacle, grâce à la protection clandestine et frauduleuse que leur accordait un homme qui fut depuis un sublime martyr, et dont nous ne pouvons prononcer le nom sans que l'émotion ne trouble notre voix et ne mouille nos paupières. C'est un de ces nobles que le Libéralisme a poursuivis avec tant de passion retentissante, et qu'il attaque aujourd'hui sournoisement, c'est Lamoignon de Malesherbes, ce grand cœur dont la figure rayonne sous le ciel sinistre de 93, à côté de celle de Louis XVI, et sur ce Thabor que leur éleva la Terreur en dressant leur échafaud; c'est ce Lamoignon de Malesherbes qui abaissa les barrières morales, dont il avait la garde, devant la pensée philosophique et révolutionnaire qui venait détruire. Malesherbes, passionné, comme l'était alors l'immense majorité de sa caste, pour tout ce qui lui semblait tendre à l'émancipation des esprits, conspirait avec les écrivains pour l'introduction et la propagation de leurs œuvres dans le pays. Certes, si Malesherbes eût pu prévoir alors à quelles calamités, à quelles ruines devait conduire cette guerre contre toutes les institutions sociales, il se fût bien gardé de s'y associer. Mais il aimait, comme toute l'aristocratie, la liberté et l'expansion de l'esprit français, même dans ses plus lamentables écarts. Il croyait que l'excès n'était pas de trop pour atteindre le but.

Et quel excès, grand Dieu! Il ne s'agissait de rien moins que d'écraser l'infâme, c'est-à-dire le Dieu de la France, le Dieu de Charlemagne et de saint Louis, le Dieu de Vincent-de-Paul, de Pascal, de Bossuet, de Racine, de Fénelon; le Dieu qui nous avait fait peuple, le Dieu qui avait brisé les chaînes du monde, le Dieu à qui nous devions la civilisation et la liberté, le vrai Dieu de cette·humanité pour laquelle s'échauffait à froid les philosophes que J.-J. Rousseau stygmatisait de sa haute colère et de son mépris souverain.

Mais il fallait détruire, et par quoi commencer, si ce n'était par la foi religieuse? La Foi fut donc attaquée de tous les côtés. La Noblesse ne voyait, elle, que que la destruction des abus dont elle profitait pourtant; cela suffisait pour lui faire applaudir à tout ce qui tendait à ce but. Elle ouvrait ses salons aux philosophes et à leurs œuvres; elle leur donnait du crédit, de la considération, par son actif et puissant patronage. Il y avait peu de journaux, alors; mais en revanche, il y avait beaucoup de pamphlets et de brochures dus à la plume de faméliques écrivains, qui vivaient des pensions que leur faisait la Noblesse; on y proclamait, à propos de tout et à propos de rien, les droits de l'homme et du citoyen. L'*Encyclopédie* comptait au nombre de ses rédacteurs une infinité de gentilhommes lettrés que Diderot conduisait à l'assaut de toutes les croyances et de toutes les institutions, toujours par amour des lumières, du progrès, et par haine des abus.

La Bourgeoisie avait peu le temps de lire; mais elle comprenait à merveille tout ce que l'aristocratie lui disait contre l'inégalité des conditions sociales. Sièyes, esprit froid, sec et implacable comme un syllogisme, écoutait plus que personne et aiguisait sa plume pour le jour du combat.

D'un autre côté, la Noblesse du Parlement levait la tête au nom du peuple, dont elle n'avait pas le mandat : elle résistait aux édits royaux; elle prétendait limiter le pouvoir souverain et faire contrepoids à l'absolutisme. Frappée d'exil, elle s'obstinait dans sa rébellion, et, en fin de compte, elle restait maîtresse du Gouvernement.

Nous ne pouvons qu'indiquer les principaux traits de cette œuvre de destruction, on disait alors de régénération; l'espace que nous avons n'en comporte pas davantage : il faut donc nous hâter. Un fait suffit pour montrer avec quel acharnement la Noblesse travaillait au triomphe de la liberté, et de ce qu'on appelait alors les lumières. Beaumarchais, qui avait le génie du sarcasme, devait sa fortune et ses succès dans le monde à la faveur dont il jouissait auprès de la Noblesse. Ses titres, c'était d'avoir prodigieusement d'esprit, et cela suffisait alors. Il perd un procès; sa bile fermente, et il écrit un chef-d'œuvre de colère où il cloue au pilori de l'opinion l'aristocratie si généreuse de ce temps, à laquelle il devait au moins quelque gratitude. Il lit son œuvre à ses victimes; elles la trouvent superbe. Elles veulent qu'on la joue, et font si bien, que le pamphlet est porté sur le théâtre.

Le Mariage de Figaro n'est plus aujourd'hui sur la scène française qu'une énigmatique parade; mais, en 1786, il avait une portée immense : c'était le procès fait à toute la société aristocratique. Jamais, comme nous avons eu l'occasion de l'écrire ailleurs, on n'avait ainsi injurié, ainsi conspué, ainsi déchiré tout un état social, toute une classe, tout un Gouvernement. Figaro, la joyeuse personnification du peuple, prodigue l'insulte à tout ce qui dominait alors, et par la naissance, et par la fortune, et par les dignités, et par le pouvoir. Eh bien! l'aristocratie ouvrit elle-même les portes du théâtre, et fit jouer de force la redoutable comédie de Beaumarchais. Et pendant que Figaro fustigeait ainsi les grands seigneurs, les grandes dames et les magistrats, grands seigneurs, grandes dames et magistrats, applaudissaient par de longs éclats de rires et de convulsifs battements de mains.

Ils ne voyaient ni les uns ni les autres, au fond du théâtre, derrière Figaro et derrière la toile, Robespierre, debout sur son échafaud, la hache à la main.

Nous voici à 89; nous voici à l'explosion de toutes ces

idées d'émancipation et de régénération que l'aristocratie avait propagées dans ses rangs et dans les autres classes. Louis XVI est à la tête du mouvement; il a pu dire à Turgot, dans une occasion où ses projets de réforme étaient repoussés : Il n'y a que vous et moi qui aimions véritablement le peuple. Il l'a bien prouvé déjà; il veut le prouver mieux encore. Il fait appel à la nation : elle s'émeut à sa voix. Elle est réunie. Qui l'agite déjà? C'est le comte de Mirabeau, c'est le marquis de Lafayette, c'est Mathieu de Montmorency, c'est Talleyrand Périgord, c'est le duc de Biron, c'est une foule de gentilhommes revenus de l'Amérique, à laquelle ils venaient de donner une République : voilà les premiers agitateurs.

La Bourgeoisie se met à leur suite; le peuple ne fait encore qu'obéir à leur impulsion. Mirabeau, dont la voix retentit comme le tocsin de la révolte, qui l'avait fait ainsi? Était-ce la Bourgeoisie provençale, dont il était l'élu? Non. Mirabeau avait puisé l'amour de l'indépendance et la haine de l'ancien régime au milieu de l'aristocratie, à laquelle il appartenait. Sa passion, sa fougue oratoire, c'était son esprit aigri par des malheurs mérités; mais ses idées de liberté ne venaient pas de lui : il les tenait du milieu dans lequel il avait vécu.

C'est la Noblesse qui lui avait inspiré la haine profonde du despotisme et ces aspirations fougueuses vers la régénération sociale que lui avait fait entrevoir la philosophie du dix-huitième siècle. Il y a des écrivains qui se sont mis à contester sérieusement les idées révolutionnaires de Mirabeau ; cela nous paraît singulièrement absurde. Mirabeau croyait réellement à la nécessité d'une transformation sociale ; seulement, comme la Noblesse, il la voulait limitée, et s'il alla si loin contre la Monarchie, qu'il tenta ensuite de sauver, ce fut par ambition et par entraînement, bien plus que par suite de son système politique, débordé bientôt par la démagogie.

Quoi qu'il en soit, le mouvement de 89, dû à l'initiative de l'esprit si véritablement libéral, du cœur si généreux de Louis XVI, avait été préparé de longue main par la Noblesse, qui, la première, avait propagé les idées au nom desquelles se fit la Révolution. Mais, dans son ardeur d'innovation, elle n'avait que trop secondé les démolisseurs, et elle en fut cruellement punie. Les premiers excès de 89 lui firent entrevoir ses fautes, mais ne l'arrêtèrent pas tout d'abord.

Le 4 août, dans une séance de nuit, elle donna elle-même le signal de sa propre destruction, et se prononça pour l'abolition des titres. Cette concession, qui témoignait de son désir d'arrêter le torrent révolutionnaire, ne fit que le précipiter : bientôt il emporta tout, à commencer par le trône, la Noblesse et les Parlements.

Que résulte-t-il de ce rapide aperçu? Il résulte la réponse par l'histoire aux appréhensions calculées que le Libéralisme a répandues perfidement dans les masses, relativement au retour de l'ancien régime que la Noblesse elle-même a détruit, dont elle ne voulait plus, et sur les ruines duquel elle alla jusqu'à faire le sacrifice de titres purement honorifiques.

Prétendre que cette Noblesse qui vit au milieu de nous, qui participe à nos affaires, qui a nos mœurs et nos idées, qui a perdu tout ce qui faisait sa prépondérance sociale depuis 89; prétendre, disons-nous, qu'elle rêve le retour de ses priviléges, qu'on peut appeler antédiluviens, c'est se moquer de la raison publique, et par trop compter sur la crédulité du pays. C'est aux écrivains consciencieux qui veulent sortir de la Révolution à faire justice de ces ridicules et feintes alarmes qui relèvent les fantômes du passé, pour empêcher le triomphe des véritables principes d'autorité, sans lesquels la France n'a pas d'avenir.

Nous allons voir maintenant ce que fut la Noblesse

sous la Restauration, ce que l'a faite la Révolution de Juillet, et enfin ce qu'elle serait, si la France revenait à la Monarchie nationale que représente M. le comte de Chambord.

II.

Si nous ne nous faisons pas illusion, il nous semble avoir établi que la Noblesse de l'ancien régime avait, plus que personne, contribué à détruire ce régime, qui avait fait son temps, et dont les abus périssaient chaque jour d'eux-mêmes, ou par l'effet de réformes gouvernementales. Le système féodal n'avait plus de sens; la Monarchie l'avait progressivement amoindri à son profit et à celui de la Nation.

Louis XI avait lutté contre lui par la ruse et la violence! La hâche dont il l'avait frappé, Richelieu l'avait ressaisie pour porter le dernier coup à cette puissance redoutable. Louis XIV l'absorba dans la resplendissante sphère de sa personnalité.

Les grands seigneurs quittèrent leurs châteaux pour la Cour, et furent autour du Monarque comme les rayons de sa souveraineté. Tous les nobles disparurent devant le premier noble de la Nation, devant celui qui disait dans son égoïsme national : L'Etat, c'est moi.

Quand Louis XIV fut descendu dans la tombe sous cette parole de Massillon : Dieu seul est grand! la haute Noblesse comprit qu'une autre Monarchie comme celle-là était impossible; et cependant, ne pouvant soutenir par elle-même sa prépondérance politique, elle chercha comment elle pourrait aider à la transformation sociale qui s'annonçait dans l'avenir.

Nous avons dit plus haut comment elle s'y prit, et nous avons établi par là qu'elle avait puissamment servi la cause de la Révolution. Pouvons-nous dire qu'elle l'a fait sagement? Assurément non. Nous faisons ici de l'histoire, et non un panégyrique. Nous tâchons de rester dans ce que nous croyons être la vérité, et nous n'en sortirons jamais pour qui que ce soit.

Nous avons voulu prouver que cette Noblesse, qu'on accuse d'avoir fait la guerre aux lumières et à la liberté, avait, dans le but de servir celle-ci et celles-là, prêté la main à cette philosophie destructive, qui s'en était prise aux institutions les plus sacrées, aux croyances les plus sublimes, à Dieu même, sous prétexte de régénérer l'humanité et d'émanciper la raison des peuples. Ce fut là le grand tort de la Noblesse;

mais elle l'a cruellement expié, et le sang glorieux qu'elle a versé sous le couteau de Robespierre, a été pour elle un baptême de régénération dont l'histoire lui tiendra compte.

Que nous sommes loin de ce régime englouti dans les profondeurs encore inapaisées de 89! Et cependant, à entendre certains hommes, on dirait que nous allons être ressaisis par ce fantôme d'un passé qui n'est plus qu'un souvenir.

On dirait que depuis 89 nous n'avons pas revu cette aristocratie, qu'elle est restée en dehors de la vie réelle, politique et sociale, et qu'elle attend, pour repousser la nation vers 1788, le triomphe de l'autorité traditionnelle qui fut jusqu'à nos jours la base de la Société française.

L'esprit de parti qui parle encore de l'ancien régime, des priviléges et des prétentions aristocratiques, n'oublie qu'une chose essentielle : c'est que nous avons eu, de 1814 à 1830, la Monarchie légitime, et que cette Monarchie a établi le gouvernement représentatif en France.

A qui faut-il donc apprendre que le frère de Louis XVI a fondé toutes les libertés publiques sur les ruines de l'effroyable despotisme auquel avait abouti la Révolution, et qu'exploitaient les révolutionnaires travestis en ducs, marquis, comtes et barons? On parle beaucoup de la gloire de Napoléon, c'est là un thème magnifique pour les faiseurs de périodes et d'hémistiches. Poètes et rhéteurs s'en donnent à cœur joie depuis quarante ans sur ce sujet; les joueurs de flûte de la littérature l'enrichissent chaque jour de variations qui charment les amateurs. Mais l'histoire a l'âme peu sensible à ce lyrisme, et nul n'a la prose ou les vers assez sonores pour dominer son implacable voix. C'est l'histoire écrite et l'histoire vivante qui disent la tyrannie sous laquelle gémissait la France, quand la gloire de l'Empereur éblouissait le monde. Que ce vaste génie guerrier soit monté jusqu'à ces hauteurs de la fortune et de la renommée, où l'ivresse de son ambition ne pouvait que s'éteindre, et qu'on ait pu lui appliquer le vers si profond de Corneille :

> Et monté sur le faîte, il aspire à descendre;

qu'aucun autre, dans le martyrologe des peuples vaincus, n'ait passé sur plus de cadavres pour gagner plus de victoires, pour arriver à plus de domination, qui donc conteste cela? Tous nous sommes émerveillés des grandes choses accomplies par cet homme, dont aucune nation n'a eu le pareil. Mais comme il s'agit ici, non de la grandeur de tel capitaine, non de la puissance de tel souverain, mais des principes de liberté et d'égalité, pour lesquels on affecte de trembler quand on parle de la Monarchie qui les a précisément établis et consolidés, il est bon de rappeler tout ce que fut la tyrannie impériale, dont la France a tant souffert.

L'absolutisme de Louis XIV pâlit devant celui de Napoléon. L'Empire, c'est l'Empereur; la Nation garrottée ne peut ni se plaindre ni réclamer. Elle est traitée en conscrit, et dans sa pensée et dans sa volonté. La tribune se taît ou applaudit au maître qui commande et ne souffre pas de réplique. Les hautes intelligences sont à l'index : la police espionne Châteaubriand et Mme de Staël. Il n'y a qu'un journal et qu'un rédacteur : le journal, ce sont les *Débats*, enlevés à leur propriétaire, et le rédacteur, c'est Napoléon lui-même, qui donne ses victoires en articles. Les familles sont décimées : tout bras jeune et vigoureux est enlevé à l'industrie, aux arts, à l'agriculture, et expédié vers ces boucheries humaines qu'on appelle des batailles.

Au reste, c'est là seulement qu'on retrouve la France : elle y est vaillante et glorieuse; elle est libre au moins dans les camps, et quand elle voit les nations à ses pieds, elle se console en pensant qu'elle est encore ce qu'elle fut toujours, la reine du monde.

Un seul homme, un royaliste, un bourbonnien, Lainé, élève la voix au nom de la France, au nom de l'humanité, contre cette épée suspendue sur la Nation, et dont la Nation a peur. L'Empereur répond à ces réclamations si généreuses et si françaises par des menaces de mort.

En revanche, les farouches tribuns de la Révolution, Fouché, Merlin, Carnot, Syéyès, et une infinité d'autres, s'affublent d'habits de ducs, de comtes et de barons, ramassés au pied des échafauds où les avaient laissés les victimes.

Voilà ce qu'était devenue la liberté de 89; voilà à quoi avaient abouti les orgies démagogiques de la Terreur; voilà le régime d'égalité qui avait remplacé les abus féodaux.

Aussi, avec quel transport la France épuisée, sanglante, n'accueillit-elle pas la Monarchie héréditaire et nationale de nos pères! Les déclamations de la Démocratie ont beau répéter celles du vieux Libéralisme contre le Gouvernement *imposé par l'étranger,* les souvenirs des contemporains, d'accord avec l'histoire, vengent suffisamment les Bourbons de cette insulte.

Louis XVIII pouvait établir le Gouvernement qu'il eût voulu. La France, fatiguée de ses longues agitations et de ses longs malheurs, réagissait avec l'entraînement le plus général et le plus populaire contre la Révolution et contre l'Empire.

Les écrivains que salariait Napoléon, et qui faisaient antichambre dans tous les ministères pour y recevoir l'inspiration de leur littérature officielle, n'avaient pas imaginé encore de se poser en défenseurs des droits nationaux contre l'esprit aristocratique de la Restauration, qui les avait rendus à leur dignité d'homme et de citoyen. Les Bourbons étaient poussés par tous dans la voie du passé; l'aristocratie de 88 vivait encore; celle de l'Empire ne demandait pas mieux que de s'allier à elle et d'être admise au partage des priviléges. Trop heureuse de respirer et d'avoir un Gouvernement durable, la France eût laissé faire.

Louis XVIII donna la Charte; il établit toutes les libertés que nous avons possédées depuis : liberté individuelle, liberté de la presse, liberté de la tribune. On put enfin penser et parler, on put discuter les actes du Gouvernement, on put les attaquer, et les muets de l'Empire n'y manquèrent pas.

Les Bourbons avaient autour d'eux l'aristocratie ancienne, qui les avait suivis dans l'exil, qui avait partagé leurs misères. Ils lui devaient de la reconnaissance : aux dépens de qui l'ont-ils témoignée? Quel homme de mérite, quoique de naissance obscure, n'a pas été récompensé par eux? Quel talent ont-ils repoussé? quels services ont-ils méconnus? Les glorieux soldats de l'Empire n'ont-ils pas trouvé avec eux la considération et les honneurs qui leur étaient dus? Le Sénat n'a-t-il pas passé tout entier dans la Chambre des Pairs?

Les Plébéïens ennoblis par l'Empereur ne se sont-ils pas assis à côté des plus grands noms de la Monarchie? Est-ce à Bordeaux qu'il faut apprendre le cas que les Bourbons firent du talent? La patrie des Lainé, des Ravez, des Portal, des Peyronnet, des Martignac, a-t-elle le droit de dire que l'aristocratie de 1788 avait seule les places et les honneurs?

Il y a parmi nous encore deux renommées militaires, deux généraux illustres, chargés d'ans et de gloire : il y a les vicomtes Pelleport et Darmagnac. Qu'on demande à ces soldats grandis dans les batailles s'ils n'ont pas reçu des Bourbons les plus hauts témoignages d'estime que puisse donner un souverain.

Pendant quinze ans, la France fut gouvernée par la Monarchie légitime. A quelle époque a-t-on vu ressusciter cet ancien régime dont on affecte d'avoir peur quand il s'agit de revenir aux traditions de l'autorité suprême? On n'était séparé de 1788 que par trente années; toute la Noblesse avait vu les privilèges, elle en avait joui; elle les regrettait, a dit le Libéralisme.

Mais, en définitive, les lui a-t-on rendus? les a-t-elle demandés? Oserait-on objecter le milliard de l'indemnité? Cette mesure, si sage et si politique, du ministère de Villèle, si elle a encore besoin d'être défendue, qu'elle le soit par les amis des princes d'Orléans et par les correligionnaires politiques de M. de Lafayette, car personne n'en a plus profité qu'eux. Mais ils sont dispensés de ce soin : on ne justifie pas la justice, celle surtout qui oblige les gouvernements et qui concilie des intérêts divisés, quoique également légitimes.

La France ancienne, dont on ose encore nous faire peur, n'a donc pas reparu, même en un temps où elle le pouvait, où les circonstances lui étaient favorables, où les malheurs de la France nouvelle plaidaient pour elle! Peut-elle reparaître dans cet avenir qui s'avance, et dont M. le comte de Chambord vient de tracer le programme d'une main si ferme, si loyale et si patriotique? C'est ce que nous continuerons d'examiner.

III.

Il résulte des considérations que nous venons de développer, que la Monarchie légitime, détruite au nom de la liberté, a seule rétabli la liberté en France. La réforme de 1789, dénaturée par la Révolution, nous conduisit de désordre en désordre, d'excès en excès, de crime en crime, à la plus effroyable anarchie par laquelle eût encore passé aucun peuple civilisé. Pendant les quatre années qui forment l'avenue de l'échafaud de 93, que de ruines, que de sang, que de proscriptions, que de saturnales où la scélératesse de la démagogie épouvante jusqu'à ceux mêmes à qui elle profite ! Était-ce là de la liberté ? Quand la fosse royale s'est refermée sur la grande victime, quand Samson, debout près du couteau, et tremblant plus que ses victimes, attend les têtes que lui expédient Robespierre, Saint-Just, Couthon, Fouquier-Thinville ; quand toute voix, même celle de la Gironde, ne peut s'élever contre la mort qu'à la condition d'aller s'éteindre dans le panier du bourreau, est-ce là de la liberté ?

Enfin, les monstres qui se sont servis du fer ont

péri par le fer, selon la parole de celui qui ne ment point. Dieu a pris la guillotine et l'a brisée sur les cadavres de ceux dont elle était la puissance. On cesse de trembler et on se regarde, étonné d'être vivant.

La liberté qu'ont invoquée Mirabeau, Barnave, Mme Rolland et Vergniaud, va-t-elle enfin chasser cette prostituée dont parlait Danton, et qui a pris sa place dans l'orgie de la Terreur ?

Robespierre n'est plus, mais il reste Tallien, Barras et Barrère, c'est-à-dire les lâches complices qui l'ont trahi, non par lassitude du crime, mais par peur. Grâce à eux, aidés de Carnot et de Syéyès, on arrive au Directoire. La presse se croit libre : Michaud, Lacretelle et La Harpe veulent rappeler les droits de l'humanité, si horriblement violés sous le régime qui vient de finir ; ils sont décrétés d'accusation et condamnés à se taire. La tribune n'est pas plus respectée : Pastoret, Jordan, Barthélemy, sont arrachés à leurs travaux et à leur poste par un décret de proscription.

Barras, en compagnie de son digne ami Talleyrand, achève dans la débauche ce que l'âge et les saturnales lui ont laissé de forces. La Réveillière-Lépaux invente un Dieu conforme au calendrier républicain, un Dieu qui aime les légumes et cultive les fleurs, un Dieu comme Némorin, auquel il ne manquerait qu'une Estelle. L'imbécillité mythologique de la poésie de Dorat l'emporte sur la grandeur souveraine du Catholicisme, dont les sanctuaires déserts attendent Châteaubriand et Bonaparte.

La débauche règne et gouverne, toujours au nom de la raison émancipée. Tout est libre dans les mauvaises passions de l'homme, et rien n'égale la fureur de volupté qui les fait tourbillonner sur un sol encore ému et tout imprégné de sang ; il n'y a d'esclave que la dignité de l'âme, que l'indépendance du caractère, que le droit du citoyen. Était-ce bien là de la liberté ?

Bonaparte est revenu d'Égypte où il a vu quarante siècles le contempler du haut des Pyramides, où les solitudes de Memnon, qu'épouvantèrent les pas d'Alexandre, étaient silencieuses depuis Saint-Louis ; le voilà maître de nous. Il faut obéir et se taire. Il dispose de la vie de tous ; il jette des générations entières aux bouches des canons ennemis, jusqu'à ce qu'il les ait forcés au silence. Nous l'avons déjà dit, il n'y avait alors qu'une volonté : elle s'appelait l'Empereur. C'était lui ; toujours lui, et comme Médée il pensait que c'était assez.

Était-ce là de la liberté ?

Enfin, quelques proscrits que l'étranger avait abandonnés dans un coin reculé de l'Europe, pour se venger de la vieille gloire de la France, arrivent au moment où l'Europe coalisée mettait son épée dans la balance de la victoire, et criait, à l'imitation de notre aïeul Brennus : Malheur aux vaincus ! Qu'eût pu alors l'héroïsme de nos soldats contre cette ligue des peuples tant de fois battus par eux ? Le droit, plus fort que les conquêtes, se montra, et par lui, notre nationalité fut sauvée. Cette vieille France dont on affecte d'avoir peur, nous releva. Napoléon vaincu n'avait aucun titre en dehors de sa personne qu'il pût invoquer pour sauver la nation ; il l'avait gagnée par la victoire, il la perdait par une défaite.

Le destin des combats était quitte avec lui. C'est ce qu'il avait prévu, lorsqu'il disait ce mot d'une vérité si profondément politique : *Si j'étais mon petit-fils !* Napoléon tombait sous les coups de l'Europe provoquée par son ambition, et il n'avait, comme Alexandre, qu'un enfant né d'hier et quelques généraux glorieux, dont aucun n'était fait pour l'Empire. Qui pouvait donc gouverner la France ? Les Libéraux qui allèrent demander aux étrangers un roi de Saxe, pourraient objecter qu'on n'était, en présence des souverains alliés, que dans l'embarras du choix. Nous apprécions cette raison, et nous la trouvons tout-à-fait digne d'un Libéral de 1814. Mais il est douteux que la France, si malheureuse qu'elle fût alors, eût consenti à s'y rendre.

Aussi bien, le Dieu de Clovis, qu'on croyait avoir aussi guillotiné, en décapitant ses prêtres, n'avait pas abandonné sa terre bien-aimée ; il lui tenait en réserve, dans les profondeurs de l'exil, une race qui, comme celle des premiers chrétiens, semble croître et grandir par le martyre. Elle n'eut besoin que de se montrer pour être reconnue et saluée de la nation, comme si depuis vingt-cinq ans tout ce qu'on avait fait, et par le crime et par la gloire, pour la faire oublier, n'avait servi qu'à la maintenir et la rehausser dans la mémoire de tous.

C'était la France ancienne qui revivait, et ses premiers actes constituèrent la France moderne. Napoléon avait pu parodier l'absolutisme de Louis XIV ; on avait permis à quelques-uns de ses courtisans, démagogues de la veille, de cacher leurs bonnets rouges, sous des couronnes héraldiques ; on avait laissé régner pendant dix ans le despotisme le plus brutal que la France eût jamais subi. Jugez ce qu'on eût accepté de ces Bourbons qui nous rapportaient la paix, l'ordre, la stabilité, et le prestige d'un pouvoir séculaire et réparateur.

Nous l'avons déjà dit, les Bourbons pouvaient tout en ce moment, même en faveur de cette France ancienne qu'on évoque des ombres du passé. Ils comprirent leur temps, et ils établirent un régime conforme aux idées, aux besoins et aux intérêts nouveaux. Louis XVIII fit taire tous les partis, en donnant la Charte, ce contrat de pacification et d'union entre tous les bons citoyens. Cette Charte a été fidèlement respectée jusqu'en 1830, jusqu'au moment où Charles X, ce roi dont M. Thiers a dit, sous Louis-Philippe, qu'il était honnête et pieux, fit les Ordonnances pour échapper à l'esprit révolutionnaire qui, selon l'expression de M. Royer-Collard, débordait partout.

Les luttes que la dynastie de Juillet a eues à soutenir contre cet esprit-là, ce que nous avons vu depuis le 24 Février, les progrès toujours croissants des passions démagogiques depuis que le Libéralisme a triomphé du trône légitime, tout cela n'est-il pas de nature à atténuer la faute qu'on a tant reprochée à Charles X, et dont, après tout, d'après cette Charte même, il n'était pas responsable ? Quoi qu'il en soit, ce qu'il y a de certain, c'est que Charles X, pendant les six ans de son règne, a observé scrupuleusement le pacte fondamental établi par son frère ; c'est que son Gouvernement a été aussi généreux, aussi conciliant, aussi libéral que celui de Louis XVIII, lequel avait donné plus de liberté qu'aucun autre depuis 89. C'est sous ce régime que le général Foy disait : Celui qui veut plus que la Charte, moins que la Charte, autrement que la Charte, n'est pas un bon citoyen.

La Charte était donc le palladium des libertés publiques, et c'était aux Bourbons que la France le devait. Pendant les six années de son règne, Charles X, pas plus que son frère, a-t-il jamais songé à faire revivre quelque chose du despotisme impérial, quelque chose des abus de 1788, quelque chose qui fût de nature à écarter les véritables talents, le véritable mérite?

Le ministère Villèle ne comptait-il pas des roturiers parmi ses membres? M. de Villèle lui-même, n'était-ce pas un esprit modéré, grave, pratique et conciliant? Les hommes d'affaires qui se sont tant agités sous le régime de Juillet, ont-ils trouvé un autre ministère qui comprît mieux leurs intérêts légitimes, qui fût plus capable de les satisfaire, et qui, en définitive, les ait mieux satisfaits? Eh bien ! c'est l'opposition libérale qui brisa le ministère Villèle et qui força Charles X à se séparer d'hommes à la modération, à l'habileté et à l'honnêteté desquels le Libéralisme a rendu justice plus tard. Cet acharnement des meneurs du parti libéral fit faire à Charles X l'essai du ministère Martignac. C'était une tentative de conciliation. Si ce prince avait songé à ressusciter l'ancien régime, on conviendra qu'il s'y prenait d'une singulière façon.

M. de Martignac était sincèrement dévoué à la Monarchie légitime; mais l'opposition comptait un peu sur la mollesse artistique de son caractère. M. Fonfrède a fait remarquer quelque part que cet homme de cœur et d'esprit manquait des qualités politiques qui distinguaient plusieurs hommes éminents de la Restauration, et notamment M. de Peyronnet. Mais il avait dans la parole une grâce caressante par laquelle Charles X espérait désarmer l'opposition, et c'est ce qui faisait dire à ce même Fonfrède, alors l'ennemi déclaré de la Restauration, qu'il fallait prendre garde à cette syrène, et ne pas se laisser entraîner dans le piége tendu aux Libéraux par sa perfide éloquence.

Le ministère Martignac ne put tenir longtemps à son poste : la gauche n'en voulait pas, bien entendu, et il n'inspirait aucune confiance à l'extrême droite.

Qui prendre pour le remplacer ? Un moment on crut au choix de M. Casimir Périer, tant on était persuadé que Charles X voulait la conciliation, et tant la crainte de l'ancien régime, des priviléges nobiliaires et de toutes les sottes billevesées dont quelques hommes rebattent aujourd'hui les oreilles d'un certain public, était loin de l'esprit même du Libéralisme.

Il est vrai que la presse de l'opposition allait son train, et que toutes les déclamations contre le fanatisme, contre l'absolutisme, contre le jésuitisme, mots profonds dont se sert aujourd'hui le Socialisme, à l'exemple du parti dont il sort, faisaient un bruit immense. Mais l'opinion s'en émouvait médiocrement. Toutefois, Charles X, voyant que les hostilités ne faisaient que s'accroître, et voulant auprès du trône un ministre fermement dévoué, prit M. de Polignac.

Quelle que soit notre vénération pour la mémoire de ce prince si chevaleresque et si bon, nous croyons que ce choix fut une grave faute. On n'avait rien à reprocher à M. de Polignac ; mais il était impopulaire, et cela devait suffire pour l'écarter du pouvoir.

Dans un pays comme la France, où se perd si facilement la popularité politique, un tel inconvénient ne prouve rien contre l'homme d'État qui le produit ; et M. Guizot a pu dire, dans une occasion, qu'il se glorifiait d'être impopulaire. Mais le pouvoir doit s'en préoccuper à cause de l'opinion, dont il est tenu d'avoir souci. On voit que nous n'hésitons pas à reconnaître les fautes de la Restauration, et que nous voulons être juste, même au risque de venir en aide à des hommes qui ne le furent jamais, à l'égard du Gouvernement le plus équitable, le plus généreux, le plus digne et le plus modéré que la France ait eu depuis la chute de l'ancien régime.

Mais, populaire ou non, Charles X, qui pensait avoir le droit de choisir ce ministre, dont il connaissait le dévouement à sa personne, que demandait-il ? Qu'on le jugeât sur ses actes, qu'on attendît pour se prononcer contre lui qu'il eût justifié la suspicion toute gratuite que le parti libéral faisait peser sur sa tête.

Quoi donc ! le souverain n'avait pas le droit de choisir un ministre en qui il avait personnellement confiance ! Et voilà que ces mêmes hommes qui contestaient alors au Roi ce droit, l'accordent au Président de la République ! Vous nous jugerez sur nos actes, a dit M. de Royer ; et le parti jadis libéral d'applaudir. Le dernier ministre de Charles X voulut en dire autant ; il fut attaqué par une coalition parlementaire dans laquelle des Monarchistes donnèrent la main aux Lafayette et aux Dupont de l'Eure, ces ennemis implacables de la royauté. La Révolution levait audacieusement la tête, et il fallait la désarmer ou la vaincre. Les fatales Ordonnances parurent au moment même où le bruit courait encore que M. Casimir Périer allait arriver au pouvoir.

Ces Ordonnances, pour lesquelles Charles X a été détrôné, contrairement à la Charte, qui le déclarait inviolable, pour lesquelles toute une dynastie a été jetée dans l'exil, contrairement aussi à cette Charte et à la volonté de la Nation, qui n'a pas été, qui n'a pu être consultée, rétablissaient-elles l'ancien régime, remettaient-elles la Noblesse en possession des priviléges, refaisaient-elles ce passé contre lequel vous criez aujourd'hui, dont vous évoquez le fantôme ?

Après l'expérience de ces vingt dernières années, dites donc tout haut dans vos journaux ce que vous dites tout bas dans les salons, dans les cercles, dans les causeries, ce que vous pensez des mesures que Charles X voulait prendre contre la presse. Hommes qui nous objectez l'ancien régime quand nous signalons la Monarchie légitime comme le port de salut, vous seriez enchantés aujourd'hui que les Ordonnances de 1830 eussent réussi et que la Révolution eût été arrêtée dans l'impétuosité que vos principes lui avaient donnée.

Quoi qu'il en soit, fut-il alors question de rétablir la Noblesse dans ses priviléges de 1788 ? Avec M. de Polignac comme avec M. de Villèle, comme avec M. de Martignac, est-ce que le régime constitutionnel ne fut pas maintenu avec toutes les libertés que les Bourbons nous avaient données, et dont nous n'avions pas joui jusque-là ?

La Révolution de 1830 a-t-elle constitué, après tout, un autre régime que celui qu'on devait aux Bourbons ?

Est-ce que la dynastie de Juillet ne s'est pas constamment efforcée de se rapprocher des errements de la Restauration et de l'imiter en toute chose ?

Est-ce que M. Fonfrède, qui voulait qu'on ne touchât en rien à la Charte de 1814, n'a pas créé une école qui avait pour but de ramener la Monarchie révolutionnaire aux traditions de la Monarchie légitime ? Où donc est le vieux régime de 1814 à 1830 ?

Nous voyons de grands noms à la Chambre des Pairs, et la plupart de ceux-là se trouvent dans l'opposition. Quelques débris de l'ancien régime, que la tombe a dévorés depuis, ont des emplois à la Cour ; mais partout ailleurs, quel est donc le mérite qu'on écarte et le talent qu'on éconduit, pour faire place au privilége de la naissance ?

Si donc l'ancien régime n'a pas reparu quand il était encore possible ; si la Monarchie légitime, non seulement n'en a pas voulu, mais a fondé la liberté moderne, la liberté constitutionnelle, la liberté que les Libéraux de la Restauration seraient aujourd'hui si heureux de voir étouffer, que signifie cette peur hypocrite et déloyale qu'on cherche à mettre dans l'esprit du peuple à l'égard d'un passé dont M. le comte de Chambord est séparé par des abîmes, et qui ne peut l'atteindre dans cet autre univers où la voix de Châteaubriand nous l'a montré relevant l'avenir et répondant à toutes les aspirations d'un grand peuple qui veut remplir ses destinées ?

IV.

Ce n'est pas nous qui avons parlé dans ce qui précède, c'est l'histoire. Son témoignage n'est pas de ceux qu'on corrompt ou qu'on épouvante. Il domine les passions et les préjugés, et quoi qu'on fasse, il est écouté. Que dit-il devant le tribunal de l'opinion qui nous juge ? Que les Bourbons ont rétabli la liberté en France ; qu'ils ont plus fait pour l'indépendance de la nation, pour ses droits, pour ses intérêts, pour sa prospérité, qu'aucun des gouvernements nés de la Révolution. De 1789 à 1814, il n'y a, ceci mérite d'être remarqué, qu'un régime : celui de la Terreur ; il varie dans les moyens, dans la forme; mais il est le même quant à la compression de la volonté de l'homme et du citoyen.

De 89 au Consulat et à l'Empire, c'est la Terreur par le crime; de l'Empire au retour des Bourbons, c'est la Terreur par la gloire. Hors la vaillance qui emporte la nation dans les batailles, et la console ainsi de ses malheurs, le caractère français a perdu toutes ses qualités avec son expansion. Une littérature surannée, qui se dit classique, et qui, copiant Voltaire, croit imiter Racine, échafaude ses rimes sèches et ses images faussès jusqu'à la hauteur de l'épopée ou de la tragédie, pour célébrer quelque héros de la mythologie, en l'honneur du héros trop réel pour qui la France n'est qu'une conquète.

Qu'est devenue cette verve gauloise toujours jaillissante, comme une source éternelle, du fond des idées qui vont s'épanouissant à travers les siècles de la Monarchie? On la retrouve encore, mais cachée, proscrite, rèveuse, et pleurant sur des ruines; on la retrouve dans le génie de Châteaubriand, dont quelques pages en faveur de l'*infâme* ont ému le monde et fait trembler jusque dans les horreurs de la tombe les os de Voltaire. Celui-là est de la France ancienne; il en a la foi, l'énergie et les inspirations; celui-là sera donc pour la Monarchie errante, pour la Monarchie décapitée par le bourreau, pour la Monarchie qui a fait la Nation, dont elle est inséparable; celui-là proteste pour le droit et contre le fait; celui-là attend l'heure de la délivrance, et quand elle est venue, son premier cri confond dans le même enthousiasme la Monarchie et la liberté.

La Royauté de 1814 donne l'élan à tout: à l'esprit comme aux intérêts. La littérature s'élève et s'agrandit avec cette France ancienne qui vient de constituer la France moderne. Lamennais, Lamartine, Victor Hugo, ces trois anges déchus d'aujourd'hui, apparaissent tout-à-coup avec un éclat incomparable; la tribune retentit des accents de la plus vigoureuse éloquence; la parole est accordée pour attaquer comme pour défendre le pouvoir. La lutte est entre les plus vifs esprits: les uns sont Camille Jordan, Royer-Collard, Foy, Benjamin Constant; les autres, de Serres, Lainé, de Labourdonnaye, de Villèle, de Peyronnet, de Martignac.

Tous veulent le gouvernement constitutionnel ; mais ils ne comprennent pas tous également bien la Monarchie. Les Royalistes la veulent forte et respectée, et les Libéraux la demandent telle qu'ils l'ont faite depuis leur triomphe de 1830, c'est-à-dire à la merci des ambitions bavardes et des rivalités fougueuses. Mais ce spectacle témoigne de la liberté de la pensée et de la parole, et ce n'est pas là seulement que se montre cette liberté : des professeurs payés par l'État pour enseigner la jeunesse, la patronent des idées dont le pays recueille aujourd'hui les fruits.

M. Cousin courtise la popularité libérale avec sa période harmonieuse, qui témoigne plus de son art que de sa philosophie; M. Guizot, ce puissant esprit, sonde le passé de la France avec une sagacité sensée et une justesse de coup d'œil qui le placent au premier rang des historiens dont s'honore l'esprit humain; mais pourquoi faut-il qu'en croyant défendre la liberté, il ne serve que la Révolution?

Enfin, la poésie conspire aussi par l'organe d'Andrieux, vieillard caustique, qui se fait bon homme pour être plus sûrement malin, et dont chaque leçon sur les hémistiches est une épigramme contre le Gouvernement. Il y en a d'autres encore à rappeler ; mais les noms cités plus haut suffisent pour constater l'indépendance des lettres, et pour prouver que jamais depuis 89, elles n'avaient été plus libres.

La liberté est partout, et partout elle attaque, et c'est par là qu'elle est la liberté : sa nature est d'être ingrate et de tuer qui la protège. Les Bourbons l'ont aimée, et elle les a dévorés. Mais, après tout, est-ce bien elle, et ne sont-ce pas plutôt les esprits qu'elle a séduits et enivrés? O liberté! que de crimes on commet en ton nom! disait Mme Rolland en allant à l'échafaud. C'est à elle qu'il faut appliquer le mot de Barnave; son sang, qu'elle portait au bourreau, était-il lui-même si innocent, qu'elle pût accuser ceux qui le faisaient verser? Mme Rolland, poursuivant l'auguste victime du 16 octobre, avait-elle le droit de maudire l'anarchie qui l'immolait? Mais sa parole n'en est pas moins vraie. On a commis bien des crimes au nom de la liberté, depuis soixante ans, et rien ne le prouve plus que les malheurs de la maison de Bourbon.

Louis XVI avait frappé l'ancien régime au cœur, et mérité par son appel à la Nation le titre immortel de Restaurateur des libertés publiques, et quatre ans après, cet autre père du peuple livrait sa tête à l'exécuteur des vengeances révolutionnaires.

Les Bourbons avaient rétabli la liberté en 1814, et ceux qui avaient subi la tyrannie de la Terreur, du Directoire, du Consulat et de l'Empire, les ont jetés dans l'exil. Nous prévoyons l'objection : quelques-uns nous diront que ce fut leur faute et celle de leurs amis.

Le 24 Février ne répond que trop pour nous. A qui faut-il attribuer l'expulsion, non pas en trois jours, mais en trois heures, de Louis-Philippe et de toute sa dynastie? Est-ce à ce prince? Plus juste que vous, nous dirons : Non. Quelque adhésion qu'il ait donné à la Révolution, il ne l'avait pas faite. Le tort qu'il a eu, c'est d'y avoir cru, c'est de ne s'être pas souvenu de l'exemple de son père, traîné à la mort par ceux dont il avait épousé les principes.

Le Gouvernement de Charles X résista à l'esprit révolutionnaire. Nous le répétons, vous seriez bien aises aujourd'hui, vous, libéraux d'autrefois, qui avez hérité de la prédominance politique de l'ancienne noblesse, que la Restauration eût réussi dans ses dernières luttes contre vos principes. Les périls du présent vous donnent des regrets, mais ils ne vous ont pas encore donné la justice à l'égard de ceux qui vous combattirent. Quelques-uns de vos organes parlent encore de la France ancienne qui résistait à la France nouvelle.

Expliquons-nous, s'il vous plaît, et voyons par

vous-mêmes et par votre conduite depuis Février, si la Restauration ne fut pas, jusqu'au dernier moment, d'une entière générosité à l'égard de l'esprit révolutionnaire. Comment ! il a fallu seulement quelques jours d'agitation et d'alarmes pour ramener les hommes de la gauche au respect de tous les principes qu'ils attaquaient la veille avec un acharnement furieux ! Il a suffi de la République proclamée et du peuple menaçant, pour que le Libéralisme voltairien et anti-monarchique revînt, sous les auspices de M. Odilon-Barrot, à la résipiscence religieuse et politique la plus complète ! Il a suffi de l'anarchie de quelques jours pour que les hommes qui, le 23 Février, poussaient aux banquets, mettaient M. Guizot en accusation et soulevaient le peuple, se soient frappé la poitrine avec ces trois mots : Religion, propriété et famille, et pour que, depuis lors, la plupart d'entre eux aient réclamé l'ère des Césars, l'ère du sabre comme le salut suprême de la France ! Il a suffi de cette commotion du 24 Février pour opérer cette réaction dans l'esprit de tant de révolutionnaires, et vous accusez de coupable ou téméraire résistance à ce que vous appelez la France moderne, et à ce qui n'était que l'esprit révolutionnaire, des hommes qui avaient vu la France inondée de sang, couverte de ruines, et, après vingt ans de malheurs, tombant épuisée sous les coups de l'Europe coalisée !

Ah ! c'est dans ces souvenirs qu'est la gloire des Bourbons. Ils ont été magnanimes jusqu'à respecter la liberté qu'ils avaient établie, et qui, chaque jour, minait leur pouvoir. Non seulement ils n'ont pas rétabli les priviléges que Louis XVI avait abolis, que la Noblesse avait elle-même abdiqués, mais ils ont, jusqu'au dernier jour, maintenu la France moderne dans tous ses droits et jusque dans ses écarts. Que leur gouvernement ait commis des fautes, cela était inévitable; et quel autre n'en eût pas commis dans sa lutte contre les partis.

Mais ce qui sera l'éternel honneur des Bourbons, c'est d'avoir relevé la France de ses malheurs, de ses humiliations, de sa misère; c'est d'avoir réalisé la pensée nationale de Louis XVI; c'est d'avoir donné pour bases à leur autorité, tous les principes de justice et de dignité humaine, dont le Roi-Martyr avait voulu le triomphe; c'est de n'avoir pris du passé que ce qui était conforme aux idées nouvelles, et d'avoir ainsi été de leur temps.

Que signifient donc ces mots d'ancien régime, de noblesse, de priviléges, dont la mauvaise foi de quelques hommes se sert pour exploiter la crédulité des ignorants ou des niais, à l'encontre des seules et véritables doctrines de l'autorité qui puissent rétablir en France l'ordre avec la liberté; doctrines que M. le comte de Chambord a dernièrement exposées avec une loyauté si libérale et une intelligence si française; doctrines qu'on est fier, mais non surpris, de trouver sous la plume du chef de cette maison de Bourbon, à qui la nation a dû sa grandeur et son indépendance?

La Bourgeoisie.

Dans une élection qui eut lieu quelque temps après le 24 Février, le fils d'un riche bourgeois se transporta dans la commune rurale où son père possédait une grande propriété, afin d'y appuyer, auprès des paysans, la candidature des Orléanistes, contre celle des Légitimistes. Au sortir de la messe, il rassembla les bons habitants de cette commune, et leur adressa une harangue dans laquelle, à défaut de bonnes raisons, il fit appel à tous les préjugés que nous venons d'examiner contre les Nobles et les prêtres. Il dit à ses auditeurs qu'il s'agissait de choisir entre la liberté et l'esclavage, entre l'ancien régime et le nouveau, entre leurs égaux et les nobles ; que si le candidat légitimiste l'emportait, c'en était fait des conquêtes de la Révolution ; que nous allions revenir aux droits féodaux et à l'exploitation du peuple par les grands.

Avec un thème si neuf, l'orateur dut se montrer très-spirituel ; mais il paraît qu'il convainquit peu son auditoire, car voici le dialogue qui eut lieu, à la suite de ce discours, entre deux paysans :

PIERRE. — Dis-moi donc, Jeanty, de qui veut parler Monsieur, quand il dit qu'il faut craindre les nobles ? Est-ce de son père ?

JEANTY. — Eh non ! son père n'est pas plus noble que lui. Pourquoi me fais-tu cette question ?

PIERRE. — C'est que le père est si riche, et depuis si longtemps, que j'ai cru que c'était lui qui était le noble de la commune. Le Monsieur qui a parlé a dit que le peuple devait empêcher le retour des droits du seigneur ; mais le seigneur, c'est celui qui a les terres, et comme son père a cinq cents journaux de bien ici, j'ai cru que si ces droits revenaient, ce serait pour lui ; mais si ce n'est pas lui qui est noble, dis-moi, Jeanty, toi qui es plus vieux que moi, ce que c'est qu'un noble.

JEANTY. — Tourne-toi de ce côté, Pierre ; regarde

là-bas ces vieux murs qui tombent. Eh bien! il y avait là, il y a quarante ans, un capitaine de l'ancien régime, qui, après avoir servi trente ans à la guerre, était rentré chez son frère pour y vivre avec une pension de deux mille francs; il était estropié et portait un vieil habit râpé avec un ruban rouge à la boutonnière : c'était un noble; nous l'appelions M. le comte. Quand les Bourbons revinrent, il eut 30,000 fr. d'indemnité pour 200,000 fr. de propriétés qui avaient été confisquées par la Révolution à sa famille, et qui ont été revendues à bas prix à des gens qui sont bien aises de les avoir conservées. Quant au capitaine, il est mort depuis longtemps, et son château est devenu une métairie du riche propriétaire dont le fils vient de parler contre les nobles. Dans l'espace de dix lieues, il y a quatre nobles; deux ont de l'argent quand ils vendent leurs vins, les deux autres ont de l'aisance; mais dans cette même étendue, il y a cinquante bourgeois, dont quelques-uns ont de grands biens au soleil, dont les autres ont des maisons de campagne fort élégantes et un commerce qui leur donne beaucoup d'argent. Tu vois que ce monsieur ne sait pas ce qu'il dit, et qu'il parle contre lui quand il crie contre les gens qui rattraperaient les droits féodaux, si le gouvernement qu'il n'aime pas revient. J'ai vu les Bourbons, et je n'ai pas vu de droits de seigneur; mais j'ai vu dans cette commune et dans les autres des bourgeois qui ont bien fait leurs affaires sous ces mêmes Bourbons, en vendant, les uns leur vin, les autres leur sucre, ceux-ci leur drap, ceux-là leur indienne. C'est ce qui fait que je ne crains pas les nobles, et que je riais quand ce jeune homme voulait tout à l'heure nous en faire peur.

Ce dialogue si simple résume tout ce qu'il est possible de dire sur la Noblesse et sur la Bourgeoisie dans les temps présents. La Bourgeoisie, en cherchant à raviver les préjugés révolutionnaires contre l'ancienne aristocratie, travaille contre elle-même, car s'il y a une aristocratie possible aujourd'hui, c'est elle : le Socialisme ne le sait que trop.

La Noblesse, comme institution politique, comme influence sociale, n'est plus qu'un grand souvenir; si la Bourgeoisie tient à la bien connaître, elle n'a qu'à creuser le sol qu'elle possède : elle y trouvera des ossemens comme ceux dont parle Virgile :

Grandiaque effossis mirabitur ossa sepulchris.

Ce sont les restes des vaillants qui ont conquis la France et qui l'ont disputée à nos ennemis pendant des siècles. La Noblesse est née dans les batailles; elle s'y est régénérée; elle y a gagné ses blasons; elle y a versé son sang, et laissé ses héros. Il y a eu sans doute dans la Noblesse des individualités incapables et indignes de leur nom ; mais la flétrissure les atteignait toujours, et le sentiment de l'honneur, qui dominait dans leur caste, rendait leur conduite peu contagieuse.

C'était le très-petit nombre qui se trouvait bien de l'ancien régime ; l'aîné de la famille héritait des biens paternels, pour les transmettre à son tour à l'aîné de ses enfants ; les autres membres de la famille étaient condamnés à vivre, les uns dans les camps, les autres dans le sanctuaire ou dans la solitude des cloîtres. Après trente ans de services, criblé de blessures, le gentilhomme revenait dans ses foyers avec le grade de capitaine, une croix de saint Louis, et une pension de quelques centaines de francs.

Les nobles avaient sans doute des priviléges; mais il leur était défendu d'exercer aucune industrie, si honorable qu'elle fût; de participer à aucune spéculation commerciale; d'entrer dans aucune carrière, même libérale ; de faire enfin quoi que ce soit qui pût accroître leur patrimoine, ou les traitements qu'ils recevaient, soit de l'Église, soit de l'État. La Noblesse d'épée et la Noblesse de robe ne pouvaient se soustraire à ces conditions sans déroger, et sans perdre les avantages attachés à la naissance.

Ce régime d'inégalité, qui ne profitait qu'à quelques-uns, pesait à la généralité de la Noblesse. Aussi l'a-t-elle vu tomber avec joie, et il serait possible de le ressusciter, qu'elle se garderait bien d'y donner la main.

La Bourgeoisie est d'origine monarchique; car c'est la royauté qui l'a créée en instituant les libertés communales contre la féodalité. Les priviléges dont jouissait la Noblesse ont aidé à l'agrandissement et à la fortune de la Bourgeoisie, en lui livrant l'industrie, le commerce, les arts, et les professions libérales. La Bourgeoisie était parvenue à un si haut degré de puissance en 1789, que Syéyès a pu dire alors, dans un fameux pamphlet, qu'elle était tout.

Elle est tout en effet; il n'y a pas une richesse du pays qui ne soit entre ses mains : elle possède le sol et tout ce qui s'y rattache par l'agriculture et le commerce; son éducation et ses lumières la rendent apte à tous les emplois, et elle les a presque tous. Elle est en réalité l'aristocratie du siècle, et jamais aucune classe n'a été dans des conditions plus favorables pour diriger une Société.

Qu'a-t-elle donc à craindre pour ses justes droits et pour son influence légitime? Qui peut lui enlever sa prépondérance? Est-ce le fantôme du passé, dont une fraction de cette Bourgeoisie fait un épouvantail aux masses? Peut-on poser sérieusement cette question, et peut-on sérieusement y répondre?

Que la Bourgeoisie soit jalouse de tenir dans le monde le rang qui lui est dû, nous le concevons; qu'elle veuille ne reconnaître à personne des droits politiques supérieurs aux siens, nous l'approuvons; qu'elle se glorifie de sa position, rien de mieux. La Bourgeoisie est dans le vrai quand elle regarde le travail et le mérite personnel comme les premiers titres à la considération et à l'autorité dans le pays.

Quiconque n'apporte pas, dans la sphère où il est placé, sa part de services à la France, n'a droit à rien, si ce n'est au mépris, qu'il soit noble, bourgeois ou prolétaire. Nous nous devons tous à la chose publique, et la récompense doit être, non en raison du nom qu'on porte, mais du dévoûment qu'on a montré. L'intelligence, le travail et la probité, voilà ce qui désormais devra prévaloir dans le pays, et rendre impossible tout privilége attaché à la naissance ou à la position. C'est ce qu'a noblement exprimé M. le comte de Chambord dans sa lettre à M. Berryer, quand il a dit :

« Après tant de vicissitudes et d'essais infructueux,
» la France, éclairée par sa propre expérience, saura,

» j'en ai la ferme confiance, reconnaître elle-même » où sont ses meilleures destinées. Le jour où elle » sera convaincue que le principe traditionnel et sé- » culaire de l'hérédité monarchique est la plus sûre » garantie de la stabilité de son gouvernement, du » développement de ses libertés, elle trouvera en moi » un Français dévoué, empressé de rallier autour de » lui *toutes les capacités, tous les talents, toutes les* » *gloires, tous les hommes qui, par leurs services, ont* » *mérité la reconnaissanee du pays.* »

Voilà le véritable gouvernement de l'avenir; voilà le seul compatible avec nos mœurs, avec nos idées, avec nos besoins. Il ne peut plus y avoir de classe privilégiée : nobles, bourgeois ou prolétaires, qui que vous soyez, vos droits à l'influence politique seront fondés, non sur votre position de fortune, mais sur votre mérite et vos services. C'est pourquoi, de même qu'il ne peut y avoir de roi pour la Noblesse, il ne saurait y avoir de roi pour la Bourgeoisie. Si la France sort de la République, elle ira à la Royauté qui n'appartient exclusivement à personne et qui appartient à tous, à la Royauté qui est la tradition vivante de l'autorité en France.

Une partie de la Bourgeoisie a cru qu'elle pouvait constituer une autorité qui fût complètement et exclusivement à elle. Le 24 Février a démontré l'étendue et la gravité de son erreur. Et cependant, il y a encore parmi elle des hommes qui songent à refaire cette autorité, malgré son origine révolutionnaire, et même à cause de cette origine. Ces gens-là disent : Nous voulons un roi à nous. Ils n'entendent pas les recrues du Socialisme qui disent aussi de leur côté : Nous voulons un pouvoir qui soit le nôtre. Elles ajoutent : Vous trouvez les barricades légitimes quand elles sont à votre profit, et vous les condamnez quand elles nous servent! Vous chassez les rois qui ont pour eux le droit monarchique, et vous n'admettez pas que nous chassions les rois qui sont d'institution révolutionnaire! Votre seule raison contre les premiers, c'est qu'ils ne vont pas à vos intérêts; la nôtre contre les seconds, c'est qu'ils ne vont pas à nos besoins. Qui doit décider entre nous? Le fait; car le fait est la loi suprême que vous avez invoquée vous-même contre la Monarchie des siècles. Au plus fort donc la victoire.

Voilà toute la question à l'heure qu'il est. Quiconque veut rétablir la royauté de 1830, tombe sous le coup de cette logique révolutionnaire, à laquelle rien ne saurait résister.

Il ne reste donc pour la Bourgeoisie, comme pour

tous, qu'une autorité possible, en dehors de la Démocratie : c'est celle qui appartient au pays, comme l'a si bien dit encore M. le comte de Chambord; c'est celle que les siècles, nos anciennes institutions, nos pères, nos traditions nationales, nous ont léguées. Celle-là, nous le répétons, n'est ni l'autorité des nobles, ni l'autorité de la Bourgeoisie, ni l'autorité du peuple; elle est l'autorité de tous, et c'est par là qu'elle est possible; c'est par là qu'elle peut opérer l'union entre tous les bons citoyens.

Si la fraction de la Bourgeoisie qui cherche à relever la Monarchie des barricades, ne comprend pas cela, et s'obstine dans ses antipathies aveugles, c'en est fait d'elle; c'en est fait de la France!

Conclusion.

Les dernières lignes du chapitre précédent indiquent tout naturellement notre conclusion.

Hors de la République, il n'y a de Royauté possible que celle de tous, que celle qui, venant des traditions nationales, n'appartient à aucun parti.

Il ne s'agit point ici de commander à une opinion de se courber devant ses adversaires, et d'accepter leur loi; il s'agit de se rendre pour soi-même et pour le pays à l'évidence des raisons de salut public qui plaident en faveur de la Royauté héréditaire contre la Royauté de circonstance et de révolution. La victoire de la Monarchie héréditaire ne ferait d'autres vaincus que les factieux; elle serait un triomphe pour tous les autres, et ne donnerait le droit à aucun parti de le considérer comme le sien.

Il n'en serait pas ainsi de la restauration de la Monarchie de 1830 ; en même temps qu'elle consacrerait de nouveau l'autorité révolutionnaire, elle ferait renaître les divisions profondes et les luttes malheureuses qui, pendant dix-huit ans, ont fait tant de mal à la France et l'ont conduite sur les bords de l'abîme ouvert depuis Février.

La Monarchie de 1830 ne peut être au contraire qu'une Monarchie de parti ; et quelques nombreux que soient ses partisans, ils sont loin de former à eux seuls la majorité. Les hommes qui s'étaient ralliés au Gouvernement de 1830 par dévouement au pays, se sont séparés d'une cause qui ne représente qu'un fait détruit par un autre fait, et pour lequel ils ne peuvent invoquer aucun des principes constitutifs de l'autorité monarchique.

Il ne reste à la Royauté des barricades que les débris du Libéralisme auquel nous devons toutes les idées subversives que le Socialisme développe aujourd'hui avec une effrayante logique, et quelques hommes qui, les uns, par regret de leurs positions perdues, les autres, par une reconnaissance honorable pour les bienfaits qu'ils avaient reçus de la famille d'Orléans, voudraient la voir ressaisir la couronne tombée au 24 Février.

Nous croyons avoir montré, dans les pages qui précèdent, que tout cela ne saurait suffire, ni pour relever, ni pour soutenir cette Royauté.

Il y a cette différence entre celle-ci et celle dont M. le comte de Chambord est le représentant, que la première frappe toute une Dynastie et tout un grand parti, et que la seconde donne à la famille d'Orléans et à ses partisans la position à laquelle ils ont droit.

Tous les préjugés et toutes les préventions qu'on élève contre la Monarchie héréditaire n'ont aucune valeur sérieuse et politique : nous croyons l'avoir démontré par les faits mêmes sur lesquels s'appuient les ennemis de cette Monarchie.

Il n'y a donc rien qui s'oppose à l'union de la majorité sur le seul terrain où il soit possible de combattre le Socialisme et d'empêcher son triomphe. Hors de cette union, que reste-t-il? Des expédients qui pourraient prolonger de quelques jours, de quelques années peut-être, le calme trompeur dont nous jouissons; mais, en définitive, ce ne serait là qu'une agonie, au bout de laquelle nous trouverions une horrible mort.

Cela convient-il aux intérêts qui rient des convictions et des principes?

L'intérêt suprême, celui par lequel tous les autres vivent et prospèrent, c'est l'autorité. Quand celui-là manque, tous les autres tombent : c'est l'histoire de la famille comme celle de l'État; c'est l'histoire de la France depuis qu'elle a guillotiné ou chassé ses rois.

Que l'autorité se relève donc dans sa splendeur et sa force, et l'avenir, maintenant voilé des nuages de la tempête, va rayonner de la gloire qui nous attend.

FIN.

TABLE DES MATIÈRES.

www.ingramcontent.com/pod-product-compliance
Ingram Content Group UK Ltd.
Pitfield, Milton Keynes, MK11 3LW, UK
UKHW020256250726
13967UKWH00004B/1710

9 782012 997653